享受孤獨的勇氣

「孤獨是最棒的朋友！」從這麼想的那刻開始，
你的人生將出現巨大轉變！

孤独は、チャンス！：
心理学でわかる〝自分の
中にエネルギーが
わいてくる〞7つのカギ

權威心理學博士 榎本博明 — 著
楊鈺儀 — 譯

序　章

「孤獨是最棒的朋友」從這麼想的那刻開始，你的人生將出現巨大轉變！

——深入探索「自我」重要的時刻

所有人都是孤獨的

「沒有人了解我的心情……」

希望有人能理解自己，與自己有共鳴，可是卻沒有人能了解自己。當你這麼感覺時，是不是就會想著：

「原來人類，本來就都是孤獨的啊。」

「我還真是孤獨啊！」

而使心情變得莫名不安呢？

會這麼想的，不是只有你。其實所有人都是這樣想的。

每個人都覺得自己稍微有點與眾不同、難以獲得他人的理解，因而感到孤獨。

不如試著來改變一下看事情的角度吧。

你覺得朋友或職場上的同事不了解你嗎？那麼你是否又準確知道那位朋友或是同事正在想的事或感受到的感覺呢？

你應該不可能知道。

可是，若你們相處的時候，對方的反應和往常不一樣，你就會懷疑「他這是怎麼了？」或是覺得很不可思議地想著「他為什麼會有那種理解方式呢？」像這樣的事應該很常發生。

我們經常無法解讀其他人真實的意思。換句話說，對於他人的事，我們其實也不怎麼了解。

每個人都各有不同的個性，若生長環境不同，累積的經驗也會不同，能力與價值觀就不同。對方的思路或情感偏好和自己會有所不同也是理所當然的。

你有親密的的朋友嗎？

「對我來說，並沒有打從心底能相信的朋友。雖然會寂寞，但沒有朋友也沒關係。可是因為不想被當成別人眼中寂寞、孤獨的人，所以會與人維持表面上的交流，裝作親密的樣子。或許這樣反而會被別人認為自己朋友很多。」

有這種想法的人，令人意外的竟有很多。

結果，所有人都是一個人，都懷抱著孤獨。即使是看起來堅強、獨立的人，同樣會感到寂寞。

既然如此，要不要試著別說「沒有人了解自己」而讓心情沉重，別將心力用在「隱瞞自己無法忍耐孤獨」這件事，而是將「孤獨」轉化成正面的能量呢？

隨著社群網路的進化，我們增加了更多與人交流的機會，但若總是被「與人交流」這件事束縛，心就會變得不安定，精力也會枯竭。

所謂的孤獨，是安靜地面對「真實的自我」，讓自己更充實的「崇高時間」。

在這樣的時間中，才能成就堅定的自我以及更能享受人生的自我。

孤獨能完成一項重大任務——「讓心靈獲得再生的能量」。

這就是孤獨的力量。

人群中的孤單寂寞

另一方面，各位是否有過這樣的經驗？

朋友聚會結束，和大家分別，只剩下自己一個人的時候，突然有一股強烈的疲憊感襲捲而來。在大家相聚的場合不是應該要感到快樂嗎？但為什麼在人潮散去後，卻覺得或許自己剛才是在勉強自己呢？

我們只要和別人待在一起，就不可能不去顧慮到對方的感受。

不論是交情多好的朋友，若長時間在一起，大概也都會覺得有些精神疲勞。然後只要稍微覺得累，腦中就會閃現「還是一個人比較輕鬆啊～」這樣的想法。

但就算這麼說，會這樣想的人，卻不一定可以打從心底享受獨自一人的時光。雖然和其他人在一起會覺得累，但若只有自己一個人，卻又覺得有些不足。

在我的心理諮商中心，經常能見到類似的個案，他們對生活感到痛苦，因而前來尋求諮商。這種事一點都不少見，很意外的，有很多人都有同樣的感受。

轉化「孤獨」，變成心靈的能量！

一個人的時候，聽喜歡的音樂、借ＤＶＤ回家看、看電視來解悶，即便如此，卻仍會感到有所不足。

只有一個人的時候，不知為何，就是無法平靜下來。無法打從心底好好享受一個人的時間……。

「和旁人在一起明明覺得費神又疲累，可是一旦只剩自己一個人，卻又好像少了什麼、無法靜下心來，不知道該怎麼做才能獲得平靜……」

若你抱持有這樣的想法，而在「和某人在一起」和「單獨一個人」兩者之間往來徘徊，我希望你一定要讀讀這本書。

請利用從序章到第六章的七個鑰匙，懷著期待打開自己內心的門扉。

當終於抵達最後一頁時，你就能確認，透過與「孤獨」這個最棒的朋友對話，你心中將會充滿能量。

而且人際關係也會變得更好，每天都能過得更充實。

孤獨沒有不好，反而是一次轉機！

目錄

序章

第1章

不想孤獨，卻又覺得和別人在一起很累

總會感到寂寞的人真正的心情

第2章

過份在意別人如何看待自己，這是人性的弱點

——沒有人能夠完全了解別人在想什麼

第3章

不退縮的人際關係

放開心胸的勇氣

第4章

你不是一座孤島

探討人際關係的價值

第5章 放手是為了放過自己

——享受孤獨的勇氣

第6章

孤獨與自由

從「孤獨的房間」可以清楚看見通往幸福人生的道路

第 1 章

不想孤獨，卻又覺得和別人在一起很累

——總會感到寂寞的人，真正的心情

為何一個人會感到不安？

你是那種一回到家就馬上打開電視的類型嗎？

雖然沒什麼特別想看的節目，但只要進入空無一人的房間，就養成習慣會反射性地開電視。若是不開電視就無法靜下心來。這可以說是「無法享受一個人時間的人」會出現的典型行為模式。

打開電視，讓聲音充滿整個房間。這麼一來，就可以不用直接面對只有一個人的自己。換句話說，就是想避開與孤獨的自己面對面，害怕沉浸於一個人的世界中。

綜藝節目之所以會受歡迎，是因為只要看了，就會覺得像是和很多人在一起，而不會意識到孤獨的自己。

能夠沉浸在興趣等事物中，享受自己一個人的時間，這種人並不會害怕獨處，而是可以平心靜氣地一個人待著。

與此相對，無法在獨處的時間過得充實的人，若處在空無一人的房間中，就會立刻開電視、隨便上網瀏覽，想忘掉自己是一個人。

此外，無法忍受只有自己一個人、害怕直接面對孤獨的自己，對這種類型的人來說，智慧型手機也提供了一個強而有力的避難所。

不斷注意智慧型手機，總是要經常確認是否有人傳來簡訊；若沒有人傳簡訊來，就會覺得寂寞而感到坐立難安；就算躺進被窩中，也會時時留意智慧型手機。被高科技制約的人正逐漸增加中。

因為**若是不和人有所連結，這些人就會感到不安**。

那麼，為什麼一旦「變成一個人」就會感到不安呢？為什麼明明和其他人在一起時會因過於在意對方而感到疲累，卻又害怕「孤獨」呢？

接下來，讓我們一邊探看各種事例，一邊找出隱藏在這不安深處的「心理」。

「孤獨」帶領人們前往機會的入口

為了活出自我、過著豐富充實的人生，即便很短暫，一天之中仍需要有靜靜地與自己面對面的時間。否則就無法看見真實的自我。

心理治療師克拉克・穆斯特克斯（Clark E.Moustakas）*說：

「當我親近『孤獨』，我發現，其中藏著引導前往新人生的指針。」——《Loneliness and love》克拉克・穆斯特克斯著，片岡康、東山紘久譯。創元社（日本出版）。

在這本書中，為了從各種角度去理解重要的事項，窺探深層的真實，因而強調在只有自己一個人時，與自己對話的必要性。

例如，若你正在思考自己應前進的道路而感到煩惱，此時請不要急躁地去求取答案。你首先需要的是**返回位在心靈深處的「生命之源」**。

在靜謐的自然中，寄身於寂靜時、俯耳傾聽音樂時、誠實面對自己而書寫文章時、自由自在畫畫時、自由自在活動身體時……在心中就會忽然浮現新發現或是對今後該怎麼走的啟示。

這些發現與指針，就是指引我們前往轉機的鑰匙。

---

*註：克拉克・穆斯特克斯（Clark E.Moustakas，一九二三——二〇一二年），美國心理學家。

獨處的力量

享受每天的生活，悠閒度日的人，也會重視自己的獨處時間。

在為某事煩惱或迷惘的時候，就去見見不論什麼事都能一起輕鬆談話的朋友，一起吃飯，直率地坦誠相對，聽取朋友的意見，並與朋友討論對意見的想法。這麼做能讓心情平靜下來，也能幫助我們整理思緒。

只是，與朋友見面之後，你仍要空出一段可以一個人思考的時間。自己一個人，回想和朋友的談話，反覆思量，就會產生新發現，也能看到方向。

即使你在公司上班，過著忙碌的每一天，腳踏實地過生活，你也要懂得享受屬於自己的時間。

當然，不同人會用不同方式來享受屬於自己的時間，且樂在其中。比如有些人會養成習慣，在休假時去書店買幾本喜歡的書，帶到常去的咖啡廳閱讀。在熟悉的沉靜空間中，一股腦栽進書本的世界。這段時間可以成為心靈的充電時刻，也可以說與各種新發現互有關聯。

所謂的「充電」，並不單指閱讀這件事，而是指自己以閱讀書中內容為契機，在不知不覺中陷入沉思，整理自己的心情。

也有的人會在工作出現瓶頸時，結束工作就一個人在街頭隨意亂逛，或是在休假日時，稍微出個遠門一個人四處走走。

漫無目的只是隨意走著，這種時刻，腦中會浮現各種念頭：我究竟想怎麼做呢？我還有什麼不足的呢？我到底是對什麼感到煩躁呢？……等等，環繞著這些疑問，並開始**與自己對話**。而這將能帶來新的發現。

若是和其他人一起，就無法獲得像這樣「來自孤獨的恩惠」。

但反過來說，當我們獨自一人的時候，必須與自己面對面，「孤獨」的緊張感也會緊緊纏著自己不放。若無法忍受孤獨的重量，往往就會變成「只要落單就一定會感到害怕」。

擁有與自己面對面的獨處時間很重要。為此，就得和某個人有親密的關係，以分享自己的內心面。但我想應該有很多人都在煩惱，該怎麼與人建立起可以互訴心事的親密關係吧。

該如何向對方展示自己內心的那一面呢？展示方法有什麼標準嗎？總是一本正經的人容易有這些煩惱。

話說回來，愈來愈多人覺得「只有一個人」很難為情、沒有朋友的人看起來很可憐。被這種負面想法束縛的人正在增加。

「沒有呼朋引伴的我很丟臉？」

「因為沒有可以一起吃午餐的朋友，所以就不想去學校的大學生正在逐漸增加」，最近，這樣的新聞成為話題。

若是在大學餐廳或教室中一個人吃便當，似乎就會被旁人指指點點：「他好孤僻喔」、「他是不是沒有朋友啊」，有許多大學生就是因為害怕旁人眼光才不想去學校。嚴重一點，甚至有人會躲到廁所裡吃午餐。

這樣的情況實在無法等閒視之，為了防止學生不來上學，也有大學制定了一套制度：讓輔導老師陪伴沒有朋友一起吃午餐的學生們吃飯。

聽聞這類報導，一定有不少人會覺得，自己雖沒有到那種地步，但卻非常能體會沒人陪伴的心慌感覺。

身為公司員工的A先生說，若是平時和他一起用餐的同事請假，使他必須一個人在員工餐廳吃飯，每當這種時候，不知為何，他就無法靜下心來，會快速地解決中餐，然後當他吃完想站起來時就會鬆口氣。

他環顧四周，發現有人開心地邊談笑邊吃飯，有人獨自默默在吃飯，也有人即便是一個人，仍然輕鬆自在，餐後還繼續愜意地喝杯咖啡。

與這些人相比，自己卻無法享受一個人的用餐，而是想趕緊吃完離開那個地方。A先生意識到自己是這樣的同時，也發現自己總是和人群聚在一起而無法獨處。

他試著重新回顧自己日常的行動——雖在午休時間會去員工餐廳，偶爾也會外出用餐，但卻總是會和同事一起行動。

和同事討論著今天要去哪裡吃飯。不只是午休，就連稍微休息一下的咖啡時間也會互相招呼，一起離開位置。他幾乎沒有自己一個人行動的時候。下班的時候也是，即便到了下班時間，自己該做的工作都做完了，他也會先窺探一下同事的情況。若是對方已經準備好要下班，他就會感到很不好意思而慌忙結束工作。就這樣，兩人每天就像是說好了般，會一起從位置上站起來離開公司。

雖然覺得有能夠一起行動的同事是件幸運的事，但像這樣總是結伴而行的自己到底是怎麼搞的？是不是偶爾一個人行動也挺不錯呢？照這樣下去，若是自己換工作或是同事離職，自己是否會陷入危惴不安中呢？

想著想著，他就覺得總是結伴成行的自己非常靠不住，因而陷入不安。

因為不想被討厭，所以無法拒絕

和前述的A先生一樣，公司員工B先生在午休時，也大多會和意氣相投的同事一起行動。B先生說，只要沒有什麼重要的大事，他就不會拒絕別人的邀請。

「週末一起去吃飯吧」、「放假時一起去購物吧」、「要不要來家裡玩」面對這些邀請，即便B先生已經先安排好別的預定事項，他都會當下就回答OK，除非真的有迫不得已的事情。簡直就像是字典裡沒有拒絕這兩個字一般……。

在被邀約之前，即便B先生心想「最近累積了不少疲勞，所以今天就不去其他地方，直接回家吧」，但只要有吃飯的邀約，他就會反射性地立刻答應。

或是明明心想「昨天新買的書架送來了，這週末要來好好大掃除，整理一下房間」，但若有人邀約，他就會連想都不想地立刻答應。

B先生不擅長拒絕來自他人的邀約。從中，我們可以看出B先生隱藏有「不想被討厭」的心情。

「萬一我拒絕了，會不會讓對方覺得不是滋味，以後再也不來邀我呢？」

「要是被誤會自己不想和對方一起出去就麻煩了。」

因為有這些顧慮，結果勉強自己答應。

這類型的人，無法拒絕邀約，也不會自己主動開口邀約別人。

因為他們害怕被拒絕。若被拒絕就會受到傷害，因此就猶豫著是否要去邀約別人。換句話說，一個被邀約就無法拒絕的人，同樣無法自己主動開口邀約別人。

B先生的情況就是這樣，他總是只順著別人的邀約，卻幾乎沒有自己主動去約別人。

即便想提出邀約，「這樣會不會很突然，對方可能已經有了其他的預定，而且或許對方也沒興趣……」也會因為想太多，結果最後還是開不了口邀請。

B先生說，他從小就對「主動邀約」這件事有著強烈的不安，害怕會被拒絕，所以是個只會等著別人來約自己的孩子。

他會看人臉色，配合人家。比起自己想怎麼做，他總是在配合著別人想怎麼做。

這樣的行為模式，長大成人之後也完全沒變，B先生自己有注意到這一點。所以他試著改變。首先，他開始嘗試「拒絕」，每次受到他人邀約，他會先試著以自己的情況為優先考量。

他說，在這段嘗試的過程中，他了解到，其實「被拒絕」這件事沒什麼可怕的。他會因為自己的私事而謝絕對方邀請，對方也會因為自己的情況而拒絕。所以在邀約別人時，自己的心情也會變得比較輕鬆。

你是否一直在勉強自己？

如同前面提到的Ｂ先生，若無法表明自己的情況，而只會配合他人，這樣的人，很容易在不知不覺中累積壓力。

在我的心理諮商中心，還有很多類似的案例我很常碰到，像是連自己的興趣或是喜好都無法主張，只會配合對方的興趣或喜好，而不斷勉強自己的人。

下班回家時，和朋友或是職場同事邊吃飯邊聊天是很快樂的一件事。相比起來，大概比工作完後立刻回家獨處更開心。可是聚會之後，和朋友或同事告別，剩下自己一個人時，卻會感覺到自己很緊張。一種比平常更累的疲勞感就此襲來。這種時候，表示你已經在某處不知不覺地勉強了自己。

例如決定餐廳時，你心想著：「最近胃的狀況不是很好，還是吃清淡的和食比較好，想避免吃油膩的中華料理或義大利料理。」

但若有人說：

「有間中華料理店很好吃喔，我想去。」

「有間還不錯的義大利餐廳，怎麼樣？要不要去？」

你就無法說出：「不好意思，我不能吃這些食物。」而會陪著一起去。

同樣地，若是跟朋友去看電影，即便有部之前就想看的電影，但因為考量著不知道朋友會不會想看，就無法提出建議。

更甚者，即便對方提議的電影和自己的喜好不同而完全沒興趣，也無法說：「我們去看別的電影吧。」而是違逆自己的本心，陪著一起去。

像這樣，無法坦承自己的身體狀況、興趣或是喜好，而是一味配合對方，就只會不斷地累積壓力而已。

與人交往能解悶，但不知為何常常覺得很累。我想這是所有人都有的經驗，但若你經常有這種精神上非常疲勞的感覺，就必須要回過頭來想想，你是否過於勉強自己配合對方了呢？

在很多情況下，像是「想要被認為是好人」、「不想被別人討厭」等念頭，就會形成**「抑制自我並過於配合對方」**的行為模式。

因為長久下來，你已經抑制自己以配合對方的行為模式常態化，所以就不會注意到自己正在採取的行動會累積壓力。

尤其要注意，為了不潑對方冷水、不被對方討厭，會在無意識中非常勉強自己。

人際關係的恐懼意識

過度小心翼翼、不斷壓抑自己的心情去配合對方，當然會覺得累。在與人交往時也不可能會開心。或許會有短暫的開心，但疲勞卻會在某處一點一滴累積。

「好想要有個可以不用勉強自己的朋友」、「好想要有個可以說任何話、以自我本色去跟他相處的朋友」，這是大多數人的心聲。

30多歲的C小姐說，她很喜歡看連續劇，劇中人物與朋友的相處模式，那種能什麼話都說的親密關係，讓她羨慕不已。

「有什麼掛心或是煩惱的事，都能夠毫無顧忌地去找對方商量。就算如實說出自己不安的想法，對方也不會擺出一副不耐煩的樣子，而是願意傾聽。就算沒有自信，說出了自己內心的黑暗面，對方也不會輕視我，或對我棄之不顧，而是會鼓勵我，會大聲激勵我『如果逃跑了，就什麼都無法解決囉』。在電視連續劇中，人與人的交往不正是如此令人憧憬的世界嗎？」

「可是，一旦回到了現實，卻不是這樣。若是不小心脫口而出不安的心情或是悲慘的念頭，或許就會被人輕視、看扁。害怕對方不喜歡這種會讓氣氛變沉重的話題，之後就不搭理自己。所以大家都會避開內心話，說些表面的話，結果變成淨說些無關痛癢的話題來炒熱氣氛。當然也有因此而能獲得抒發的部分，但我卻總覺得有些不夠。聚會當下雖然還挺開心的，但聚會結束之後卻會感到有些空虛。我常常有這種感覺。」

C小姐憧憬著有個能說真心話的朋友，就必須要痛下決心展露自己的內心面，縮短與對方在心理上的距離。

在心理學中，**展露自己的內心面被稱為「自我表露」**。

自我表露，就是與他人交往時，自願在他人面前展現真實的自己、表達自己的想法與經驗。此外，自我表露被視為「心理距離的檢測計」，也就是說，知道彼此到底互相了解到什麼程度，就能知道彼此的心理距離。

自我表露是善意與信賴的象徵。自我表露有相互性的原理，若自己做了自我表露，就會產生對方也會同樣對自己做出自我表露的良性循環。因此，為了構築良好的人際關係，避免淪於只有單方面的一頭熱，很重要的一點就是，要逐步製造時機來進行自我表露。

只不過C小姐說，她雖然知道這點，卻怎麼都做不來。

藉由場面話來炒熱氣氛的交往型態已成常態，突然要轉變成改說內心話是很困難的。

而且她也不喜歡氣氛變得沉重，怕對方會感到困擾。若對方做出對沉重話題沒興趣的反應，她會備感受傷。她說，只要這麼一想，就很難說出內心話。

而且她說：「老實說，雖然我很想和某人培養什麼真心話都能說的親密關係，但另一方面也有著對『變親密』這件事感到恐懼的心情。」

因為對自己沒有自信，一旦拉近距離，不知道自己是不是會被厭倦？不知道自己是不是會被認為是個無聊的人？這些不安不停冒出。

「反正我不是那種讓人覺得在一起會感到快樂的人。」

「我就是一無是處……」

結果，自我否定的心情，完全超越想和人培養好關係的心情。

沒有期待，便沒有傷害

如同前述，很多人像C小姐一樣，希望找到一個能打開天窗說亮話的對象，但卻因為沒自信，害怕展現真實的自己，反而養成「還是別去期待別人吧」這種矛盾的態度。

雖然有很多情況都是本人並未察覺，但他們卻會下意識自己主動遠離人群。當想要和誰變親密，在他們腦中就會掠過這些想法：

「反正我很快就會被厭倦、被討厭了。」

「我不是那種會討人喜歡的人。」

然後想著：

「要是變親密後被討厭，反而徒增傷害，而且也無法再重修舊好，還不如維持現在這樣。」

因而躊躇著是否要縮短彼此間的距離。

與其日後彼此的關係有嫌隙而受傷，倒不如一開始就不要縮短彼此的距離比較安全，維持現在的關係就好。因為太沒自信，所以就採取像這樣的防衛態度。

縮短人與人之間距離的方法，可藉由孩提時代不斷累積與朋友密切來往的經驗，而自然體悟。

擁有一位能讓自己表露自我的朋友，就能藉此認可自己的存在、擁有自信。不斷重複摸索，雖然也會遇到無論如何都合不來的對象，但只要你自己能夠了解「就算是這樣的我也有優點」，就能讓自己在構築人際關係上累積自信。

偶爾也會和朋友產生誤解，會有意見衝突而吵架。但是，那都能成為一種好的學習經驗。藉由不斷重複這些事，從中學習，即便出現意見不同的情況，也會知道該怎麼做才能順利修復彼此的關係。

不過，若你沒有經過人際關係上的鍛鍊，就不會知道修復關係的方法，對於意見不同一事將會極度恐懼，因而不太能縮短彼此間的距離。

這麼一來就會培養成另一種模式：不對朋友懷抱期待、不去企求什麼真心話都能說的親密關係。

一旦有所期待，若受到背叛，就會為此失望、陷入極度的沮喪，所以不去期待就能防止受傷，保護自己。

若無法完全放下身段深入人際關係、對於與人交往沒有自信，遑論要構築良好的人際關係，反而只會更加強孤獨感罷了。

為什麼想著「我或許把關係搞砸了」就會感到不安？

誠如前文所述，人與人之間的心理距離可藉由「自我表露」來縮短。

但是，若不習慣與人交往、對自己沒有自信，就無法下定決心自我表露，因此，也就不太能夠與人變得親密。

那麼，到底是什麼因素，讓自己遲疑著是否要自我表露呢？經過調查，我們發現抑制自我表露的主要原因，可以集結成以下三個因素。

第一個因素是「**擔心目前的人際關係失去平衡，而感到不安**」。

這種不安主要來自於破壞現今愉悅氣氛的不安，以及反映深入關係後會彼此傷害的恐懼心理。具體而言，可以指涉為以下的想法。

- 並不想要重新認真表露自己的內心
- 相處時希望是愉悅的關係，而不是沉重的
- 不希望躁進地與對方的關係變深入，之後卻彼此傷害
- 告訴對方的事會被透漏給其他人，而覺得很討厭

第二個因素是「**對於互相深入理解，持否定性情感**」。

這可以說是將自己和他人的過錯放大來看，對於人與人的相互理解，抱持悲觀心理。具體而言，可以指涉為如下的想法。

・認為沒有任何人能理解自己的心意與感受
・就算告訴別人自己的想法與經驗也無濟於事
・認為對彼此來說都不需要那麼深入了解對方的事
・不論是多親密的關係，彼此的感受性、看待事物的見解與想法都不一樣

第三個因素是「**擔心對方的反應，而感到不安**」。

因為不清楚對方對於聆聽自己的傾訴是否能有所共鳴，討厭被人輕視為「淨是在想些無聊瑣事」等，由於不知道對方會有什麼樣的反應，而產生不安的心理。具體而言，可以指涉為如下的想法。

・不清楚對方是否也有同樣的想法而感到不安
・討厭被認為是「以一副很不得了的樣子在處理無聊瑣事」
・想避免彼此的意見對立

雖然想與對方的關係更進一步，卻害怕打開心門，難以縮短心理上的距離，這類型的

人，抱持有相當於前述第一個因素與第三個因素的不安心理。害怕破壞當下的關係，以及害怕對方的反應。

然而，正是因為對於目前的人際關係感到不足、感到寂寞，所以必須要有超越這層不安，往前跨出一步的勇氣。

關係再密切，也有一段「看不見的距離」

在大家歡聚的場合雖然很開心、很熱鬧，但卻有種無法展現真實自己的感覺。在這時候，我們就會感覺到一股寂寞。

D小姐會和朋友們一起去購物或吃飯，開心地談論戀愛及時尚話題，經常一起外出。但她卻說，即便是面對那樣的朋友，自己卻無法完全卸下心房，展露最真實的一面。

為什麼呢？原因可以回溯到D小姐高中的時候。

當時D小姐有個交情不錯的朋友，有次她遇到了一點煩惱而向朋友傾訴，朋友卻輕描淡寫地回她：

「喔——妳在想著那種事喔，真奇怪。」

D小姐說：「雖然感受性會因人而異，但我和那個朋友的交情很好，以為她一定能了解我的心情……雖然知道有那樣期待的自己太天真了，但還是很受打擊。好像有種被拋棄的感覺。自那以後，我就變得不讓人看到自己的內心了。」

喜歡大家一起鬧哄哄的，也喜歡在卡拉ＯＫ中一起熱熱鬧鬧，很享受那種場合的是自己。可是，一旦剩下自己一個人時，就會想著「在大家面前無法表露真正的自我啊」，而對於周圍泛泛之交的人際關係感到寂寞，變得有些黯然消沉的也是自己。有時連到底哪一個才是真正的自己都搞不清楚……。

「不論哪一個都是真正的自己呢。和朋友在一起的時候是明朗的自己現身，單獨一個人的時候則是稍微有點黯然消沉的自己露臉。我覺得就是因為那樣，因為只能展露自己其中一面的這一點，而讓我感到寂寞。」

D小姐頗為準確的自我分析，還真是令人佩服。

生活本來就有笑有淚，沒有人能夠永遠只靠開朗的情緒生存。會有討厭、氣憤的心情，也有會心煩意亂的時候。

事情不如意而覺得心情焦躁的時候、感到受傷的的時候、陷入嚴重沮喪的時候、為擔心的事而煩惱的時候、被不安襲捲的時候……。

若有個人能讓自己坦率展現像這樣各種不同的自我面相，那該有多幸福呢？

可是在很多情況下，我們多會在意對方、恐懼對方的反應，而只敢以光明開朗的那面去與人來往。

雖然這麼做的確會讓場面和樂，卻也會因為隱藏自我、無法完全展露出自我而焦躁難安。正是這樣的想法才會產生寂寞。

即便和大家在一起，即便氣氛是喧鬧快樂的，但卻總覺得彼此之間有些疏遠冷淡、有距離感。

朋友愈多愈寂寞

有的人會過於在意旁人的眼光，煩惱沒有能夠親密說話的對象，但另一方面，也有的人就像前述的D小姐那樣，即便有能夠開心說話、一起出門愉快消磨時間的對象，卻會覺得無法展現真實的自我而感到寂寞。

前者的類型多見於個性內向的人，而後者的類型則可以說是較多見於社交型的人。和誰都能親密說話的E先生，則是屬於後者的社交型。

E先生的話題很豐富，總是身處談話圈中心，在大家喧鬧吵雜的場合中，有如領導者般的存在。只要有E先生在，場面就會很熱鬧，談話也能愉快地進行下去。

不論是對誰，他都能主動隨興地與人閒聊，和各種人親暱地交談，和各種團體一起行動。

若從內向者的角度來看，應該會很羨慕這種可以和每個人交好的情況，但E先卻意外地覺得自己並沒有真正親密的朋友，而感到煩惱。

E先生說自己其實是非常「孤獨」的。他說，「雖然覺得和誰都能隨興地聊起來是我的優點，但那也是件不幸，因為這樣反而無法和任何人締結能夠深刻來往，說知心話的關係。」

雖然各種團體的聚會或聯誼都會找他去，但大家對他的期待，都是擔任炒熱氣氛的角色。

他知道這點，而且因為自己也很擅長，所以總是負責搞笑、炒熱氣氛的任務。他並非是刻意去那麼做，而是非常自然地在扮演炒熱氣氛的角色。

不過，不論他再怎麼認真扮演炒熱氣氛、搞笑的角色，都交不到真正親密的朋友。

雖然他在私底下會和團體中其他人會面，說些比較隱私的話題，但因為常久下來自己所扮演著炒熱現場氣氛的角色，形象已被定型，結果朋友都把他看成是個喧鬧的人，只會說些無關痛癢的話題。因此E先生說，就連他自己也無法重新轉換心情去說內心話。

「說些玩笑話讓人揚聲大笑很有趣，只要和大家一起處在熱鬧的當下，就不禁會順勢說些會讓人發笑的話，讓大家笑開懷。雖然很有趣，但對於那樣的自己，我卻總覺得好像有些寂寞，也挺沮喪的。」

「我愈是努力想要炒熱場面氣氛，就愈是會想著『周圍的人一定會覺得我是個得意忘形的傢伙』，這還真是個吃力不討好的角色啊。」

E先生就像這樣打開天窗明白說出他內心的苦悶。

他說，最近發現自己因為希望能受人歡迎，拚了命用擅長的說話術來炒熱氣氛，而感覺到疲累。在這時候，只要他稍微沉默，周圍的人就會說：

「怎麼啦？怎麼這麼沉默，一點都不像平常的你啊。」

猛然回神，他又會發揮與生俱來的服務精神，馬上開始搞笑起來。

對於這樣的自己，他愈發感到厭惡。不論是擔任炒熱氣氛的角色，還是無法坦率表現自己，都讓他感到痛苦。

總是察言觀色，你累了嗎？

尤其是最近的年輕世代，因為過於注重察言觀色，有很多人在和朋友來往時都會勉強硬是隱藏真心。針對這一點，我去訪問年輕人們，結果得到如下的回答。

「雖說是朋友，但就是強烈地覺得不可以說些隨便、拙劣的話題。因為若沒有好好觀察周圍情況再行動，就有被排擠的危險性。」

「若沒有察言觀色就發言，或許就會因為自己是個不識相的傢伙而被踢出朋友圈，所以不論什麼時候，我都會留心觀察周圍情況。雖然也是可以和前輩或長輩坦率商量，但和朋友或是同年齡的人交談時，我幾乎不會說出真心話。我會提醒自己要一直察言觀色，說些安全、妥當的話題。」

「在國中時，我曾因為沒有察言觀色，說了過多的真心話，結果惹朋友討厭。因為這樣，我對於『要是不小心說出真心話就會被朋友排擠』這件事感到不安……現在，我都會拚命地一邊察言觀色一邊與人來往。我自己經常會感到很勉強。」

雖然一直隱藏真心很累，但卻因為恐懼受到排擠，所以還是努力察言觀色去配合別人。

不懂察言觀色的人會被貼上「難相處」的標籤，所以人家就會避開和他來往。這種情況就成了察言觀色的壓力來源。

「和朋友在一起，我總是會做到察言觀色，有時我也會覺得累。雖然也會想著，若是能真心實意地去和對方來往該有多輕鬆，但若真那麼做了，或許會失去朋友。要是被看成是個不懂察言觀色的人，就會被踢出朋友圈，我對此感到害怕。所以和朋友在一起的時候，我都會感到非常有壓力。」

「因為周圍的人都認為我是那樣的個性，所以我會經常察言觀色，盡量做出相符自己個性的應對。別說是任性而為，就連自己想說的話都說不出口，只要和人在一起，就會覺得非常疲累。」

「我認為，可以不用察言觀色，彼此都能真心實意地說出心裡的想法，才是真正親密的人際關係。可是，若不察言觀色就直率發言，只會被人擺臉色，即使不到這程度，也可能會被無視，所以久而久之養成習慣，隱藏真心，察言觀色之後再做出安全妥當的回應。我覺得這樣的人際來往方式好像對自己造成了壓力。」

像這樣，隱藏真心，一面察言觀色、一面勉強自己的人際交往方式，讓許多人都累積不小的壓力。

不僅許多年輕世代出現這樣的傾向，上一代的年齡層也廣泛存在同樣的情況。也就是說，不問世代，幾乎所有的人都有著同樣的煩惱。

所有人都希望有人能了解自己

我們擁有各種慾望。

想吃美食的慾望、想去遠方旅行的慾望、想聽音樂的慾望、想唱歌的慾望、想活動身體的慾望、想說話的慾望、想打扮的慾望、想受人注目的慾望、想在競爭中獲勝的慾望、想與人親近的慾望……。

不同的人，有不同的慾望，究竟擁有多強烈的慾望，因人而異。

但是，**所有人在心中都抱有一個強烈的慾望，那就是「希望有人能了解自己」**。

只不過，我們周遭有形形色色的人。對價值觀與性格不同的人來說，要了解別人的生活方式或想法，並不是一件簡單的事。

比如說，淡泊名利、對權力或是提升地位沒興趣的人，大概無法理解某些人為了建立人脈而勉強和意氣不合的人交往的心情。

防衛心高、不太信任他人的人，不了解某些人天真的相信他人而遭遇慘痛經歷的心情。

和誰都能輕鬆說話的人，無法了解某些人會在人前過度緊張、扭扭捏捏的心情。

總是身處在人群中心的人，不了解某些人總是被孤立的心情。

價值觀或性格有所不同，就會導致產生各種各樣不同的意見。

明明是想要表現親切的態度，卻被擺了臉色，有時還會因自己的好意被曲解而遭受怨恨。

明明對自己來說是非常重要的事，但對其他人來說只是小事，搞不好還會被認為「為什麼會對那件事那麼執著呢？真奇怪。」

痛苦的心情沒有人理解，明明很辛苦卻還是咬牙努力，但完全沒有人看見。

有時還會被人質疑、否定自己生活方式。

很多時候都會因與其他人的意見不同而受到傷害，覺得討厭。

可是，所謂的社會就是不同性質人們的集合體，在社會中生存，就是累積這些「不被了解的經驗」。正因為這樣，才會加強我們「希望獲得某人了解」的心情。

不論是誰，即使裝出一副冷漠的模樣，都會在心中吶喊著：「好希望有人可以了解自己。」期待、盼望會出現一個人能了解自己。

若只是隱藏真心，說些安全妥當的場面話，即使能在表面上構築一派良好的關係，但那是空心的，無法成為相互理解的關係。所以我們與人交往時，首先得要表露自己的慾望與真心才行。

可是，只要想到不知道對方會有什麼樣的反應，就會令人感到不安，因而難以坦率表露自我，這也是事實。

不清楚對方會做出什麼反應、若不能被對方理解就會感到受傷。只要這麼一想，就無法下定決心表露自我，像是這樣的人又有多少呢？

「過於在意別人的眼光」，這樣的人心中所潛藏的不安是什麼？下一章，我將會對此進行說明，並一起來討論，該怎麼做才能從不安的束縛中解脫、輕鬆地與人來往。

第2章

過份在意別人如何看待自己，這是人性的弱點

——沒有人能夠完全了解別人在想什麼

害怕別人和自己在一起不開心

想要親近的朋友。可是，好不容易與某人親近，卻不開心，反而是不安的感覺更加強烈。各位是否有過這樣的經驗？

個性消極，不擅長與人交往，結果就不知道該如何與朋友互動。比如在路上巧遇的時候，不知道該和對方說些什麼，打完招呼就不禁閉上了嘴。或是一起吃飯的時候，拚命想著「接下來要說些什麼好呢」，結果味如嚼蠟，完全沒有多餘的心力品嚐食物的味道。真想用更輕鬆的態度去和人交往，好想能有個親密的朋友。

這樣的個案很多，他們來找我諮商，有一段時間會因為「交到朋友了」這樣的理由而開始新的煩惱。或許對於社交型的人來說這很難理解，因為明明說了很想要朋友，結果卻因為交到朋友而更加煩惱。

關於這時候的心理狀態，他們這麼說：

「要是在這時候放鬆，被人認為自己很奇怪，或許就會失去好不容易才交到的朋友了。一想到這點，就會緊張得說不出話來。」

「要是不小心說了什麼話，讓人覺得自己很古怪，就又會變成獨自一個人了。想到這兒，就變得害怕與對方見面，所以會找各種理由來迴避見面。」

雖然有人認為這樣的想法屬於特殊的案例，但對此有共鳴的人，卻意外的多。就算不到會覺得別人認為自己很奇怪那樣的程度，但卻有很多人都懷抱著一種心理——害怕被人認為自己不是一個「在一起時能令人覺得開心」的對象。

總而言之，自己口拙，又說不出什麼有趣的話，無法稱得上是一個在一起時會讓人覺得開心的對象。會不會在剛開始還好，過不久，沒什麼新鮮話可說，立刻就被人厭倦了？會不會在交流期間，因為讓人覺得和這樣一個無趣的人在一起一點都不開心，結果對方就離開自己了？對方會不會因為和別人在一起還比較快樂，就遺棄自己呢……。

受到這種想法所影響的人，絕對不在少數。很多人都覺得自己性格消極又口拙，因此意外地，不少人都為自己的溝通能力不足而發愁。

想要有好朋友，可是自己卻不是那種有吸引力的有趣人物。所以只要稍微和某人變親近一些，過不了多久，腦中就會冒出「不知道是否會被厭倦？」這樣的不安，結果就變得無法輕鬆與人交往。這樣的心理其實是廣泛為人們所共有的。

其實，任何人都或多或少懷抱著不安。會感到不安的不是只有自己。只要這麼一想，你會不會就覺得縮短與對方間的距離並不是那麼難的事了呢？

為什麼會下意識疏遠異性

F小姐已經三十多歲了，至今卻都沒有可以稱為戀人的對象，她覺得很寂寞，想要一位喜歡的戀人。可是她說，自己怎樣都無法落實行動，因而焦躁不已。

但F小姐並非不擅長與異性說話。

有能輕鬆交談的異性同事，會和有男有女的小團體一起看電影或運動賽事，有時也會和異性一起喝酒。

只是，總是一群人很開心地一起熱鬧著，卻無法昇華成戀愛交往的感受。

即便接受朋友的介紹，但不知道為什麼總是進行不順利，或是雖然雙方見面時都很開心，卻沒有曖昧的氣氛或發展……。

於是F小姐開始想著，其中原因是否出在自己的態度上。

她會這麼想的契機，是因為某次她一位親近的朋友這麼跟她說：

「妳為什麼總一副玩笑的態度？如果總是那樣，就算和喜歡的人一起獨處，也很難營造好氣氛吧？」

她試著回想過往，難得有人介紹異性給她，但不知道為什麼，她總是會過度熱情。雖然炒熱了氣氛，話題卻無法深入，彼此到底在想些什麼？過著什麼樣的生活？這些雙方都不會聊到。

而且那位朋友還說：「像妳這樣鬧著玩，看起來就像是自己主動逃避對方的靠近。」她說自己雖備受打擊，卻也猛然驚覺。

她覺得，或許自己的確下意識採取讓對方難以接近的態度，說不定是自己主動逃避與對方發展成親密關係。

不過F小姐也曾有過順利的約會經驗。

她曾被感覺很好、有好感的對象邀請，兩個人一起吃過飯。在美好的氣氛下，兩人相談甚歡，還約定下次再見。這簡直就是完美的約會了。在她感到「太棒了！」下一個瞬間，腦中卻浮現強烈的不安。

接下來該怎麼和對方交往呢？交往會順利嗎？對方會不會覺得自己不符期望而討厭自己呢？她變得非常不安。結果，比起約會的快樂，不安的感覺反而更多一些。

F小姐認為，自己這樣的心理，可能就是造成她下意識與對方疏遠的原因。

正向思考，解讀人際互動

明明很想和某人發展為親密關係，但卻苦於找不到這樣的對象，這類人就像前述的F小姐，因為過於擔心不知道該怎麼和對方相處而感到不安，所以就自己採取了疏遠對方的態度，像這樣的情況很常見。

那分不安的中心就是「**不知道對方會怎麼想自己**」。說得更具體，雖然希望對方能喜歡自己，但卻不知道對方到底是怎麼看待自己的。要是能喜歡自己就好，但終究沒有自信，所以才會有滿滿的不安。

當然，每個人都會在意別人對自己的看法，在意別人的眼光。「管別人怎麼說，我就是我！」擁有這樣自信的人真的很少。若獲得旁人肯定的評價就會有自信，但若是旁人給出否定的反應，就會擊碎自己的自信，使精神萎靡。

若只是在工作上有事務連繫的同事，或許還可以不太在意對方的想法。可是，一旦變成親密關係，正因為想要展露自我來與對方交往，希望對方能了解自己的念頭變得強烈，所以自然就會在意對方是怎麼想自己的。

這情況不僅存在於異性之間，在同性之間也很普遍，當對方提出去某處遊玩的邀請時，明明高興的心情很強烈，但卻會感到猶豫，想逃跑，最後只好找藉口拒絕。這也是因為自己比別人加倍在意對方會怎麼想自己。沒有自信對方會喜歡自己。

像這類過於在意對方怎麼想自己的人，他們即便鼓起勇氣赴約，也會和不斷湧現的不安戰鬥著。

「對方會不會覺得和我在一起很無聊呢……」

「比起我，應該還有許多人更有趣吧……」

「是不是後悔邀請我了呢……」

「萬一他再也不邀我怎麼辦……」

這些想法會不斷在他們腦中徘徊。在遊樂園玩、在購物或吃飯……，不管在做什麼，他們都無法擁有從容享受的心情。

若對方只是走累了而稍微露出疲憊的表情，他們就會曲解成是：

「一定是因為和我在一起覺得無聊。」

對方只是口拙而話少，卻會懷疑是：

「果然，和我說話一點也不有趣。」

不管對方是否享受這場約會、是否感到滿足，一旦想著：

「和我在一起很煩吧！應該再也不會約我出來了吧。」

而變成悲觀的情緒，態度也就會變得生硬拘束。

此外，也有人因為不想被厭倦，會刻意拒絕邀請。「要是太過頻繁會面，我一定會被人厭倦吧。」正因為有這樣的想法，才會想要逃跑。

被拒絕幾次後，對方會誤以為是要躲避他，就不會再提出邀約。

結果，**因為太過在意對方是怎麼看待自己的，反而自己親手摘掉讓雙方關係萌芽的機**

會。

我給這些人的建議是，先別急著拒絕邀約，試著去一次看看。然後在見面的期間「不要太過深入解讀對方的反應」。

若對方稍微陷入了沉默，別去想著「我是不是說了什麼讓他不開心的話了？」而是試著緩和、放鬆地想著「因為說了太多話，所以有點累了嗎？那就稍微休息一下吧！」或是想著「或許他也正絞盡腦汁想下一個話題要說什麼」。

一起吃飯時，對方若顯得有些漠然，別想著是「對我感到厭煩了嗎？」而要試著用稍微樂觀的態度來解讀對方的心情，像是「他是看裝潢擺飾看得入迷了吧」或是「他是在想著隔壁桌的人吃的餐點看起來好像很好吃吧」。

請銘記，過度深入解讀對方的反應有百害而無一利，不要想太多反而比較好。

正向思考是能招換來正向結果的契機。

「已讀不回」的焦慮

過於在意對方怎麼想自己的人，最常見的典型特徵之一，就是對 Line 等通訊軟體有過度的反應。

若自己發出的訊息沒收到回應，就會非常介意到底是為什麼。若對方一個小時都沒回應，就會想著：

「為什麼不回應呢……」

「為什麼不讀取呢……」

深信著沒有回應代表含有某種意義。極端的情形是，是對方只不過十幾分鐘沒回應，就會再三確認手機，想著對方不知道怎麼了而無法冷靜。

但是，其實不需要有這些負面的思考。因為我們並不知道對方是處在什麼情況下。或許對方正在開重要的會議，所以關閉手機的電源；或許對方正在走路，沒注意到有訊息傳來；或許對方正在和人說話，而暫時無法回應。

像這樣的情況應該很容易聯想。但是，因為很在意對方是怎麼想自己的，所以就失去了去想像對方情況的心，把所有事情都跟自己連結在一起。這分不安愈漸增強，最後就會變成是以自我為中心的思考方式。

然後就會擅自為對方「沒回應」的行為添加意義，比如：

「是不是在生什麼氣呢……」

「之前碰面時的氣氛明明很好，是不是剛才的訊息讓他不高興了呢……」

「是不是我最近說了什麼讓他不高興的話……」

「或許是誰跟他灌輸了什麼不好的情報……」

擅自添加負面的意義，結果加強不安。

有時也會因不安高漲而出現自我防衛性攻擊的情況。因為把對方想成是在無視自己，故意不回應，所以就會湧現責難的心情：

「那個人總是很情緒化，因為一點小事就不高興，真沒風度。」

「雖然我可能是做了什麼失禮的事，但這點小事而已，有必要表現出這麼誇張的態度嗎。」

不安會催化攻擊性的心理。因此，好不容易建立起來的關係，很有可能陷入破滅。

Line 是非常方便的工具，但無法得知對方當下的情況。若因此生出無謂的臆測，反而會陷入負面思考的惡性循環，讓好不容易建立起來的關係付諸流水。

不安愈是強烈，就愈是容易出現負面的臆測。若陷入不安，重要的是，不要受到影響，而是要轉換成正面積極的心情，想成是「現在對方應該是處在無法回覆 Line 的狀況下吧？等一下應該就會回覆了」。

不必強迫自己找話題

很多人都害怕當個句點王，討厭話題中斷不持久的感覺。即便是朋友，若在兩人獨處的時候沒有話題可聊，讓沉默蔓延，自己就會覺得尷尬，因而感到非常介意。

若是社交型的人，在話題中斷的情況下仍可以適當地開新話題，但對不擅長與人交往的人來說，卻常常會開不了口，只會加重沉默而已。

他們會想著：「得快點說些什麼才行……」，拚命地找新話題。可是，每當浮起什麼想法時，他們又會想著：

「就算說了這種事也很無聊。」

「感覺是不合時宜的話題。」

因而難以流暢地說些什麼話來。這麼一來反而會讓他們徒增焦慮。

其中，也有人能說些笑話讓人發笑，或是扮演小丑來打發時間。但是，像這樣的人大多也都會在心中懷有奇怪、不協調的感覺，在對待他人時都得費盡心思。

太宰治《人間失格》中的主角，無法表露出真正的自我，對與人的交往感到恐懼，他為了從那樣的恐懼中逃脫，就在別人面前拚命扮演「丑角」……這本書講的就是這樣的內容。但這或許也可以說是個證據，證明對這本書有共鳴的許多年輕人，在人際交往上都付出了必要以上的心力而感到疲累。

《人間失格》的主角做出如下的內心告白。

「……像是只有自己一個人與眾不同般，不安與恐懼不停地向我襲來。我和鄰居幾乎無法交談。該說些什麼？該怎麼說？我都不知道。因此我所想出來的辦法就是扮演丑角搞笑。那是我對人類最後的求愛。我一邊對人類有著極度的恐懼，可是卻又似乎怎樣都無法對人類死心。所以我就用搞笑的這條線與人類有了細微的連繫。表面上，我不斷地裝出笑臉，但內心卻是拚命地、完全可以說是極為千鈞一髮地、汗流浹背地在提供服務。……

（中略）……。只要看看當時和家人們一起拍的照片，就會發現，其他所有人都是一臉的認真，只有我自己一個人一定是怪裡怪氣地扭曲著臉笑著。這其實也是我幼稚又可悲的一種搞笑。——《人間失格》太宰治／新潮文庫

或許有人會認為自己還沒到那地步。但是應該有不少人備受無話可說時的尷尬威脅，與朋友相處時總會費盡心力。

雖然我們都認為孩子是生活在天真無邪的世界中，但這種跡象其實從孩提時代就存在，這類型的人，從小開始，每當交到朋友，都會受到無話可說時的尷尬威脅，隨時被**「會不會失去朋友」**的不安折磨著。

「得說些什麼」的想法成為壓力，對說不出機靈話的自己有著厭惡感，因而產生了否定的心情，像是：

「反正像我這種人，一點也不有趣。」

「對方一定會厭倦我的。」

「和其他人一起玩一定比較開心吧。」

因為心情委靡不振，過於害怕會被人討厭，所以養成了如下的行為模式——對朋友付出超出必要的用心、窺探對方臉色、勉強自己配合對方。

「想要配合朋友的念頭十分強烈，所以就勉強硬是隱藏自己的真心。」

「我曾經非常羨慕那些可以在朋友圈中說些任性話，和其他人互相爭論的人。」

像這些心聲，都可以說是因為害怕被討厭，所以不敢顯露自我，只能不斷配合對方。

在此，我希望大家能注意到，**「沒有話題」不是自己的錯**。

話題會出現中斷是因為對方也沉默了。

或許對方也因為話題中斷而感到焦慮，不知該如何是好呢。

在這世間，有時候，口若懸河的人反而會讓人有所警戒，被視為輕浮的人。有時候，木訥卻誠實的人更容易受到信任，讓人對他有好感。

重要的是，別焦急，用自己的步調來說話。此外，若彼此的關係還不是那麼親密，也可以選擇像是天氣、運動、時事以及旅行趣事等這類四平八穩的話題。然後隨著兩人漸漸變親密，就可以進行「自我表露」了。

從小就一直很注意其他人的你，隨時都有著敏銳的觀察力。就算話題中斷了也別著急，冷靜下來，只要想著要好好享受這場談話，就一定能順利建立人際關係。

「做自己」是最難的

和別人在一起會感到不安，或是對於要和某人見面而感到不安，這就叫做「人際恐懼症」。

- 不擅長與人交往的人
- 雖然和朋友相聚很開心，卻因勉強自己而感到疲累的人

以上這兩種人都可能是人際恐懼症的潛在患者。

依據心理學家施倫克爾與利里（Schlenker, B. R., & Leary, M. R）所述，人際恐懼症指的是「現實中或是想像中與人相處時，因設想別人對自己所做出的評價，而產生恐懼」。

也就是說，因為在意「不知道對方會怎麼評價我」而感到不安。換句話說，是恐懼著「不知道是否能得到自己期望中的評價」。

在那之中，就牽扯到「自我呈現（Self Presentation）」

所謂的**自我呈現**，是指為了給予別人特定的印象，而管理、控制與自己有關的資訊。基於「希望自己被人以某個形象來看待」，為達到這個目的而調整自己的表現方式，又稱為「**印象管理**」。

很少人會正面意識到這點，但其實，每個人都很自然地在做這件事。

譬如說，小明希望被看作是純樸、端莊的人，小華希望被看作是積極、充滿幹勁的人，這兩種情況下，小明和小華的表現方式肯定會不一樣。同樣地，你想被看作是溫柔的人，與你想被看作是堅強的人，這兩種情況下，相信你的表現方式也會有所不同。

前面提到的心理學家施倫克爾與利里，共同提出一種心理學樣本，指出「想要呈現令人喜歡的自我形象、自我呈現慾望強烈的人」，能夠順利自我呈現的主觀評價愈低，對人感到恐懼不安的傾向就愈強。

簡而言之，這是一種將「人際恐懼症」與「自我呈現」連結在一起的心理學。

人際恐懼症嚴重的人，非常介意「自己在別人眼裡的形象」是否與自己所期望的相符。因為他們是藉由順利自我呈現，才會覺得別人眼中的自己是受人喜歡的。可以說是缺乏自信的人。

也就是說，自己在別人眼裡是什麼模樣，或者說「實際上看起來」的樣子與「自己設定」的模樣有碰撞或矛盾，才會產生不安、導致人際恐懼症。其中就與與自我呈現有很大的關係。

不管別人怎麼看自己，乾脆將錯就錯的人；不把別人看法放心上，任性而為的人。這些人應該不會有人際恐懼症吧。此外，對自己自信滿滿的人，應該也不會受到人際恐懼症的威脅。

可是，畏縮不前的人，因為無法順利展現自我，只能飽受人際恐懼症的折磨。他們會羨慕有能力展現自我魅力的社交高手，同時卻動不動就畏縮地想著：我一定沒有給人留下好印象吧。

而且，現在這個時代，很難有像是「只要像這樣生活，就能幸福」等，有個傳統的模式可以去遵守。像個男人、像個女人等「像個什麼」的框架漸弱，活得「像自己」才被認為是最好的。可是，「做自己」才是最難的。

因為不清楚怎樣的生存方式才是「做自己」，所以沒有人能有自信地站出來說：「這就是我！」正因為是這樣的時代，不論做出什麼樣展現自我的方式，人們都會很沒自信地想著：

「這樣可以嗎？」

「感覺好像怪怪的。」

或是想東想西：

「人家是怎麼想我的呢？」

「會不會認為我是個奇怪的人？或是討厭的人？」

而在意得不得了。

關於「做自己」這一點，沒有所謂的對與錯。此外，想要塑造自我形象、想讓對方用自己期望的方式看待自己的心情並沒有錯，但也不能被那樣的心情束縛。

要不要先試著優先考慮「自己究竟想怎麼做」呢？

關係密切，反而不敢說真心話

不要深入了解朋友的心情、不要踏入彼此的私人領域，才是溫柔體貼的表現。最近，這種傾向有增強的趨勢。

本來，所謂的朋友，應該是什麼真心話都能說，不用特別費心、能輕鬆相處的對象，可是現在愈來愈多人，不論是對普通朋友或是好友，在交往上都會非常費心。

反過來說，正因為是親密的朋友，若是被討厭肯定會受到很大的傷害，所以才會特別費心。

若不小心說錯話、讓氣氛變沉重，或許對方會想「真不想和這種人在一起」。若不小心說太過深入的話題，反而侵入了對方的私領域，或許會被當作是「交淺言深」、破壞潛規則的人而被疏遠。因為害怕失去朋友，所以總是非常留意不要說出不恰當的話題。

例如，現在你有件非常煩惱的事，如果把煩惱告訴朋友，可能會害氣氛變沉重。一旦氣氛變沉重，對方或許會覺得困擾，如果對方撒手不管，自己又會受到傷害。

這麼一想，就無法將煩惱或深入的話題說出口。因此，儘管你煩惱到快要抓狂了，和朋友在一起的情況下，你卻只能閉口不談煩惱的事，只說些搞笑的話題或是無傷大雅的話題來炒熱氣氛。

大概正因為是這樣的時代，一手包辦煩惱諮商等沉重話題的心理諮商中心，才會生意興隆。

只有心理諮商師是能令人毫無顧忌地打開天窗說亮話的對象。可以說，正因為人際關係不安，才會讓孤獨的心理狀態四處蔓延。

擔心自己被拋棄

有些人會非常在意別人怎麼看自己。

「他是不是認為我很無趣啊？」

「是不是厭倦我了？」

「會不會覺得我怎麼老在想些無聊的事情呢？」

因為想著這些，所以總是覺得非常不安。

在這些人的心中，就藏有「**被拋棄的不安**」。這些不安包含：不知道會不會被對方拋棄？好不容易才跟對方成為親密的關係，不知道對方會不會離開我呢？

或許有些人會這麼想：「什麼『被拋棄的不安』，這種事跟我無緣吧？我從沒想過會被人拋棄這種事，實際上也沒被誰拋棄過。」

說到「被拋棄」，很容易喚起人們心中某種強烈的印象，並對此感到抗拒。畢竟沒有人會喜歡去想像被拋棄的情況。可是，心中潛藏有「被拋棄的不安」，這樣的人絕對不在少數。

一旦有了親近的對象，「那個人會不會離我而去呢？」「這分親密的關係會不會在轉瞬間結束呢？」就會受到這類不安威脅，使心情無法平靜下來。其實，這都是「被拋棄的不安」在心中作祟的關係。

關係愈是親密，失去後的打擊愈大，「被拋棄的不安」也會增大。

因此，潛藏有「被拋棄的不安」的人，若有了親密的朋友或戀人，在雀躍開心之餘，另一方面也會受到愈形擴大的不安折磨，失去享受親密關係的從容之心，比起享受，反而是痛苦大獲全勝。

好不容易才獲得了親密的關係，卻時時伴隨著痛苦。

因為像這樣重複經歷著讓人感到痛苦的「被拋棄的不安」，漸漸變得害怕與人群親近了。

你心中存有「被拋棄的不安」嗎？

有時候，或許你自己沒有意識到，卻仍會受到心底深處「被拋棄的不安」影響，因此在人際交往上會變得消極。像是這樣的情況所見多有。

若是想要改變這樣的人際交往模式，那麼首要條件就是——「自覺」，察覺到自己所抱持的「被拋棄的不安」。

那麼，以下就來檢測看看你心中是否存在有「被拋棄的不安」吧。

請試著檢測自己是否有符合以下各項目所述。

①有人來拜託自己時，很難拒絕。

②比較常等著別人來邀約自己，自己幾乎沒去邀過別人。

③「盡量不想帶給其他人負擔」這種想法很強烈。
④若對方表現不高興的樣子，就會介意地想著是不是自己造成的。
⑤若對方沒有回訊息，就會認為也許對方是在躲自己而感到非常不安。
⑥若對方的電話打不通，就會不安地想「為什麼不接電話」而連續打好幾通。
⑦過於介意對方怎麼想自己，因而難以表露出真正的自我。
⑧為了炒熱氣氛，所以經常搞笑。
⑨為了不傷害對方的心情，比別人花費更多的心力注意自己說話的方式。
⑩難以拒絕來自朋友的邀約。
⑪和朋友一起出去玩的時候，總是在配合著對方要去哪裡、要做什麼。
⑫和人出現意見對立時會感到很尷尬，所以就不太主張自己的意見。
⑬害怕會破壞彼此間的關係，所以不敢要任性或說出自己的意見。
⑭有時會對勉強扮演好人的自己感到疲累。
⑮會說些讓對方心情好的話。
⑯似乎總會去窺探其他人的感受。

⑰和朋友在一起時，會過份努力炒熱氣氛。
⑱和大家分開變成獨自一人時，會湧出疲累感。
⑲若其他人都被邀請了，唯獨自己沒被邀請，對此會非常介意。
⑳若是因意見不同而導致氣氛尷尬，立刻會主動想要修復關係。

怎麼樣呢？

你符合了幾項？

在前面的檢測列表中，並沒有判定符合幾個項目以上好不好的標準。

所謂「被拋棄的不安」，源自於嬰幼兒時期的親子關係，每個人心中或多或少都有著這層不安。因此，在某種程度上，可以說有符合的項目是理所當然的。

只不過，若符合的項目太多，你可以試著懷疑，「被拋棄的不安」或許已經導致你在平常人際交往上變得非常拘束。

在第3章，我將會對於潛藏有「被拋棄的不安」的人，所容易採取的行動模式來做介紹。

若藉由前面的檢測列表，各位感覺到自己似乎正受到「被拋棄的不安」威脅，不妨參考以下各章的方法，來改善自己平常的人際交往模式吧。

第 3 章

不退縮的人際關係

——放開心胸的勇氣

提出邀請卻遭拒絕，會很受傷……

接近想要變親近的對象，與不太想變親近的人保持距離，這是在生存中必要的處世術。

但是，心底深處抱持著強烈「被拋棄的不安」的人，對於想要親近的人也會保持距離。結果造成始終無法與人的關係變親密。

「那個人感覺真不錯。要是能和他變成好朋友就好了。」讓你想要深交的人就在眼前，明明有機會可以藉由親密的談話來縮短距離，但自己卻怎樣都沒辦法跨出第一步，主動接近對方。你是不是有過這樣的經驗呢？

想和某人變成朋友或是想和對方變得親近，明明有這樣的念頭，但不知道為什麼卻猶疑著是否要靠近對方。雖然想著：「若是不在這裡往前踏出一步就無法縮短距離」或是

「只要下定決心踏出一步就能變親近」，卻仍會與對方保持距離，敷衍搪塞過去。這究竟是為什麼？連自己都不知道原因。

有不少人都會說自己有這樣的煩惱。

例如，在某個聚會上認識了很談得來、有好感的對象，感覺到對方和自己分外投緣，而想著要和對方變得更要好。

若是積極的人，他們碰到了想要深交的朋友，應該會和對方交換通訊軟體或手機號碼，問對方要不要一起回家，趁著回家時順便邀對方「要不要一起去喝杯茶」，嘗試各種各樣可以接近對方的可能性。

可是，受到「被拋棄的不安」所威脅的人，正因為接受了別人的好意，結果反而無法輕鬆地採取縮短距離的行動。他們心中會湧現各種負面的假設，比如：

「才初次見面就突然跟人家說『來交換電子郵件或手機號碼吧』，感覺很失禮。」

「要是對方不想給我號碼呢？被討厭了會很尷尬。」

「問對方『要不要一起回去？』、『在回去途中順道去喝杯茶？』這些邀請是不是有點強人所難呢？對方或許在趕時間，所以這樣做會讓對方感到很困擾也說不一定。」

「如果提出邀請，卻被拒絕會很受傷。」

在想著這些事情的時候，想提出邀請的心情就會跟著萎縮。

在這些情況中，都是「被拋棄的不安」這種心理機制在運作著。

正因為太在意才無法靠近

「我喜歡上了在朋友團體中經常會一起行動的其中一名異性夥伴。雖然想著若是可以進行私下的個人交往就好了，卻無法做球給對方，表達自己這樣的心意，看到對方和其他人說話時就會焦慮不安，害怕他被搶走。」

「在職場上日常會接觸到的人中，有位讓我覺得非常出色的異性。有時，在交換工作意見的空檔，彼此會聊聊天、說些親近的話，明明也能感覺到對方應該是對自己有好感的，可是每當對方向我提出喝茶、吃飯等邀約，我卻會瞬間回絕。之後回想起來，明明自己很開心，想高興地接受，但不知道為什麼卻反射性地拒絕了。這樣的自己還真是令人煩躁。」

有不少人都難以應付像這樣無法坦率踏出第一步的自己。

「明明很喜歡卻無法告白」，應該有很多人都對這樣的心理感到共鳴。即便是能親密交談的關係，但或許對方並不希冀這樣的關係變深入。若是下定決心告白結果被拒絕，自己將會非常受傷，彼此也會變得尷尬，就連先前的友好關係也都將不復存在。

與其負擔這樣的風險，不如一直保持單戀、好好相處下去還比較好。相信大家都經歷過類似的遲疑。

如果對方只想維持至今為止的普通朋友關係，冒失地告白，將無可避免地導致雙方產生嫌隙，甚至對方有可能會退卻，疏遠自己。

此外，若對方另有喜歡的人，即便告白了也多半會被拒絕，所以兩人間就會變得尷尬，或許再也無法像之前那樣相處了。

交情好的異性朋友可以有好幾個無所謂，但若要成為戀人，就只能限定為一個人，或許對方還不想發展一段穩定的關係，所以冒然告白只會讓彼此的友情倒退。

但問題是，難得對方都來邀約自己了，自己卻因為害怕而游移不決、不敢往前踏出一步。就像是如下的狀況：

從日常親密的氣氛來看，對方應該毫無疑問的是對自己抱有好感的。周圍的朋友都說「你們看起來感情很好耶」「他一定也喜歡你，沒問題的」，你自己也覺得現在去接近對方應該可以很順利。可是，因為害怕被拒絕，反而讓你不敢靠近。

在這種時候，對方主動對自己提出了單人的邀約。這可是個求之不得的機會！可是，你卻對是否接受這邀約猶豫不決……。

你感到非常焦躁不安。就氣氛看來，應該是可以進展順利的對象、是自己非常喜歡的對象來邀約自己，所以不論怎麼想應該都沒有拒絕的理由。

可是為什麼自己卻眼睜睜看著這絕佳的機會溜掉了呢？

在上述的情況中，「被拋棄的不安」這種心理機制，發揮了很強大的影響力。

為了守護理想的自我形象而無法卸下防備

「想接近卻無法縮短距離」，在這情況的背後，是對於「認真以對」的恐懼心理。所謂的認真以對，與防備心有很大關聯。

每個人，在日常生活中，或多或少都會有些逞強。即便有會讓自己動搖的事，都會盡力不表現出不安、軟弱的一面，力圖保持平靜。在想說些任性話或是想撒嬌時、在湧起忌妒心的時候，都會盡可能壓抑住那種「自我中心」的情緒，想著要扮演好人。

可是一旦與人認真以對，這樣的抑制將會變得毫無用處。

一旦受到想要靠近對方、想和對方更加親近的衝動驅使，就一定會變得沒有防備。

在縮短與對方距離的過程中，必須脫掉心靈的鎧甲，讓對方看到平常不為人所見的、自己私底下的真實模樣。

要帥、裝模作樣是無法縮短距離的。一定得要老實地展露自己才行。

這麼一來，平日隱藏起來，不讓人所見到的不安面與軟弱面、任性面以及忌妒心重的那一面等，所有自己內在的消極面都會被看光。那可是一大威脅。

最可怕的是，害怕自己可能會讓對方失望，害怕對方會說出：

「真沒想到你是這樣的人。」

脫掉心靈的鎧甲，讓對方見到如實的自我。可鄙的自我、自我中心的自我，或是糟糕的自我……對方看到這些之後感到失望，這樣的情況其實很常見。

化。

在保持距離的情況下，所有人都可以勉強裝成好人，也可以將抱有好感的對像理想化。

因此，一旦縮短彼此間的距離，看到了對方真實的一面，就會破壞幻想，這對所有人來說都是很常見的事。

可是，也正因為能跨越這個危機，才能構築起親密的關係。

我們或許會因為對方真實的那一面而感到失望，但一個活生生的人，不可能只靠著帥氣漂亮活下去。

形象完美、典範、理想的人，老實說一點都不有趣，就算在一起，應該也只會讓人覺得非常拘束。正因為多少有些缺點，才有點人味兒，也才比較容易相處。

對彼此來說，互相將理想化的對方形象，配合著現實中對方的模樣去做修正，才能變成一段美好的關係。

可是，若有很強烈的「被拋棄的不安」，就不能像那樣重新開始了。

「要是被拒絕該怎麼辦？」

「要是被討厭就糟了。」

心中會先湧現這樣的恐懼，因而變得無法冷靜思考。一旦考慮到會失去現今友好關係的風險，就會想到被拋棄時的傷心難過，所以「認真以對」這件事就會變得很可怕。

結果，明明就很喜歡對方，卻因為害怕被拒絕，無法認真地與對方面對面，擺出拒絕的態度。即便對方隱約透露對自己抱有好感，自己也無法往前踏出一步，只能像躲避球一樣拚命閃躲對方投的球。

在你逃避的時候，就算對方有了其他不錯的對象，自己也會不情不願地說些支持對方的話，想著「我到底是在幹嘛呢……」而陷入了自我厭惡中。這到底是為什麼呢？

勇敢「靠近」才能夠理解人際關係

之所以怎樣都無法踏出一步，是因為害怕對方的反應。就像第1章所提到的，若無法坦率表露自我，就無法縮短與對方之間的距離，不過大部分的人就算心裡明白這點，仍會因為「害怕對方的反應不如自己預期」，因而無法表露自我。

表露自我——也就是「自我呈現」——是需要勇氣的。

有時，若彼此的性格、價值觀或是經驗都不同，無法獲得對方理解也很正常。我們要有心理準備對方可能會因此做出消極的反應。這都是沒辦法的事。

在這世上，有形形色色的人。

雖然外表看起來很順眼，平常能快樂地說著場面話、開開無傷大雅的玩笑，相處起來並不覺得有什麼不對盤；可是，當你們想要把話說得更深入，或是進展到能看到彼此私下的那一面，有時就會覺得對方和自己像是兩個世界的人一般。

看清楚這點之後，只要再把彼此的距離拉得遠些就好。

特別是，若你和價值觀差異太多的對象成為親近的關係，恐怕會有些痛苦。所以能夠想著「能早點知道彼此合不來真是太好了」，也可說是一件好事。

換句話說，你下定決心打開天窗說亮話，但是對方沒有認真以對，而是四兩撥千斤輕地躲開。從對方的應對方式中，你就可以推斷對方與自己的感受性不同，無法有所共鳴。也就能知道，彼此之間想要再進一步縮短距離、變得親密是很困難的。

要是在你表露自我時，對方做出厭惡、嘲笑、輕視等反應，你就能清楚對方不是個能親密交往的對象。能在尚未深入交往前就先得知這點，可以說是幸運的。

總之，毅然決然表現出自我才能夠了解對方的為人，隱藏著自我與對方進行淡薄的交流，無法知道彼此是否投緣。

和朋友緊密接觸的人，能適度地展現出自我並觀察對方的反應，以調整日後掌握距離的方式。

可是，從來沒和朋友有過緊密交往的人，無法拿捏展露自我的分寸，若是對方做出了消極的反應，就會大受傷害，對待他人也將會變得無法敞開心胸，甚至會害怕縮短與人之間的距離，表現出一副「再也不想嘗試了」的過度反應。

像這類人，最重要的，就是要重新深刻認知一點：

「在這世界上，會有和你投緣的人，也會有和你不投緣的人。**不是和所有人都能心意相通的**」。

雖然這次很不幸，碰上了無法心意相通的對象，但下一次會碰上什麼樣的人還不知道，那時候，只要再次試著展露一點自我，去確認就好。

正因為擁有重覆實驗的精神，才能建立起良好的人際關係。

無法擺脫主動退出的習慣……

無法改掉「放棄」的習慣，也可以說是因為「被拋棄的不安」。

G小姐說，自己之前有個男朋友，但卻由她自己開口說要分手，而結束了那段感情。她其實非常喜歡男友，在開口提分手時，她仍像之前那樣喜歡他。

各位一定會覺得納悶，既然這樣，她為什麼要主動開口提出分手呢？

根據G小姐所說，以前，他們每個禮拜都會在星期五晚上或是星期六一起吃飯，也會一起出遊。但因為前陣子男友以工作變忙為理由，每週見面慣例就變成了隔週一次，有時甚至連續兩週都碰不到面。她說自己因此變得沒有自信，不相信對方是愛著自己的。

G小姐說：「雖然男友說他是因為工作忙才無法見面，但或許那只是藉口，其實他已經厭倦我了也說不定……可是，因為對方的個性溫柔，無法親口說出這件事，所以就在等我自己察覺然後離開。」

她說，一旦開始胡思亂想，就會疑神疑鬼，總感覺男友在約會時好像也比以前還要冷淡。

因為在約會中一直想著這些，她突然變得很沒自信，覺得「已經走不下去了」。

終於就由自己主動提出分手。

與其等有一天，由對方突然告知自己要分手而承受巨大的打擊，還不如自己先提分手。比起被拋棄、為突如其來的事攪得內心不平靜，受到巨大的傷害，還不如在那之前由自己先主動放棄，比較不會那麼受傷。

可以說，在G小姐心中，正有這種心理機制在運作著。

可是，說不定男友真的只是忙於工作，對於G小姐的心意一點都沒變。G小姐之所以會覺得男友和自己在一起的模樣很冷淡，或許只是她本身不安心理的投射。

事實上，一個對自己自己沒自信的人，就會將他人所說的話或表現出的態度，全往負面的方向扭曲、解釋。

結果，G小姐因為受到潛藏在自己內心深處的「被拋棄的不安」影響，主動捨棄好不容易才建立起來的關係。

一般而言，的確是有可能會發生類似這樣的情況。若不克服「被拋棄的不安」，就會像G小姐一樣，本來可以繼續維持的重要關係，卻放任自己主動讓它付諸流水。

長期累積壓力的「過度調整症候群」

一旦抱持有「被拋棄的不安」，不僅無法表達自我意見，還會變得小心翼翼，經常得看人臉色過日子。

與H先生同時期進公司的朋友這麼說他：

「大家都是同事，關係是對等的，所以你可以不用顧慮太多，說出自己想說的話就好，可是為什麼你總是什麼都不跟我說呢？明明是朋友，你這樣會讓我覺得有點孤單。」

因為朋友的這番話，讓H先生正視到自己的問題。

H先生從以前開始，就不太會說出自己的意見。和同期的夥伴們一起去喝酒時，大家總會毫無顧忌地大吐苦水，抱怨對上司、前輩的不滿，但H先生只是聽而已，不會把心中所想的說出口。

即便朋友們之間偶爾有意見相左，出現激烈爭論，他也只是做壁上觀，不參與進討論中。他同期的朋友就是在指責他這一點。

H先生說，因為朋友這麼說，他才注意到，別人認為他「似乎總是在觀察別人的臉色」，這讓他有點震驚。這時候，他正巧讀到雜誌特輯上「過度調整症候群的病理」文章。他覺得自己簡直就跟那篇文章說的一模一樣。

只會一味地提出自我意見，不懂得適可而止，我行我素，不會配合周圍的人，這種人通常被認為沒有經過社會化、無法順利過社會生活。

所以，「不去配合別人，只會提出自我意見」，會被認為是沒有協調性，而受到團體排擠。因此，「壓抑自己的意見，配合周遭」，就成為融入社會的必須條件。

反過來說，也有人會過於在意能否融入社會，只會配合周遭而完全無法提出自我意見。這在心理學上就稱之為「**過度調整症候群**」。調整過度，也就是過於配合周遭。

有過度調整症候群傾向者，因為會過於勉強壓抑自己，長期累積壓力。而且這些人更進一步的問題是，因為會看人臉色而過於壓抑自己，結果別說能給人什麼鮮明強烈的印象了，根本連影子都很薄弱，看不出一點魅力。

明明是考慮到周遭人才壓抑自我，卻反而被看成是沒有魅力的人。不僅沒有得到一點回報，還是最糟蹋自己的。

那麼，這些人為什麼要採取這種反而得不到回報的行動模式呢？

這也與「被拋棄的不安」有很深的關聯。要是冒失地提出自己的意見，讓對方不高興就糟了。因為有這層顧慮，而不敢說出自己的想法。

請試著拿出勇氣，先表明自己的想法或觀點吧。

「今天要不要去這家店喝酒？」

「我覺得○○的意見比較好。」

說說這類的意見就可以了。

雖說是提出自己的意見，但你會出乎意料地發現這其實沒什麼大不了的：「這些話其實沒那麼難說出口嘛！」而且，平時完全不提出自己主張的人，卻清楚說出自己的意見，或許會讓人對你刮目相看。

試試吧！改變就從這些小事開始。

過份客氣反而產生距離

I先生是一個很客氣的人。

一般人看來，厚臉皮的人比較能跟大家打成一片，也容易受到上司的疼愛。雖然偶爾也會有「那樣好像很失禮」的驚險場面，但上司卻一臉笑瞇瞇，好像很開心似的。

I先生對上司，實在無法採取那種自來熟的態度。他說，看著那光景，就覺得對方狗腿又厚臉皮，雖然很羨慕，但自己實在模仿不來，所以覺得自己在個性上很吃虧。

這是因為I先生太過客氣了，所以無法向人撒嬌。要是撒嬌過頭就會變成沒禮貌，會被人嫌煩，但是，若能撒嬌得剛剛好，則能縮短人與之間心靈上的距離。所謂的客氣，就禮貌上而言是很重要沒錯，但是，若太過客氣，就會讓人感覺有距離，會阻礙自己與對方發展親密關係。

換句話說，I先生無法巧妙拿捏客氣與撒嬌的平衡。站在上司的立場來看，客氣過頭的I先生若以畢恭畢敬的態度來與自己應對，上司自己恐怕也難以坦率地和他說話，甚至還要特別留意，不能一不小心就對I先生說出會讓他消沈的重話。

對於這點，若面對的是厚臉皮、不客氣的部下，就能加以輕責、一邊開玩笑一邊提醒他注意工作方式，上司也能不客氣地說話。藉由這樣的互動，反而可以縮短彼此的心理距離。

我想給I先生這類人的建議是「意識到give・and・take」（施與受）。一味地謙辭、拒絕「受到幫助」，距離就一直都會那麼遙遠。所以，不如換個應對方式呢？

若是「已經受到幫助」，只要利用其他機會「去幫忙別人」來平衡一下就好；要是以撒嬌般的態度要別人請客，結果人家真的請客了，下次去喝酒時再回請就好，又或者是去旅行、出差時買當地特產送給人家也行。

當然，我們還是得考慮到TPO（時間、場所、情況），和上司間的應對也是，若上司是用謙虛和藹的聲音跟自己說話，就試著乾脆地用謙虛和藹的方式來回答。通過這樣的應對方式，就能縮短距離，讓彼此能互相懷抱有親近感。

像I先生那樣過於拘謹的人，即便在像是聯誼、聚餐等時候，也無法順其自然地打破自己的框架。就算周遭的人覺得氣氛很輕鬆舒暢，無所顧忌地暢所欲言，他也會想著：

「我這樣說不會失禮嗎？」

「不論喝了多少酒，都要節制一下嘻皮笑臉的態度。」

因而無法打破框架。

雖然能用心對待他人是件很棒的事，但各位要不要偶爾也試著借助酒力，去除慣常的框架，改變一下自己此前的交際方式呢？

聚餐、喝點小酒的時刻，是個能改變「過度在意他人的自己」的大好機會！

放鬆一下，試著去改變一下平常的一句話，即便只是如此微小的改變，一定也能慢慢進步，自然地巧妙掌握彼此之間的距離。

第4章

你不是一座孤島

——探討人際關係的價值

交情愈好，對待彼此的態度愈差

每個人都有不同的人際關係模式。即便對象不同，卻很多時候都會因為相似的問題，而在人際交往上重複著同樣的失敗。各位是否有過這樣的經驗？

J先生與別人剛變成朋友時大致都挺順利的，可是一旦與對方的關係變好，兩人就會不斷起爭執，結果彼此變得很尷尬，又拉開了距離。

J先生剛認識對方時，本來不是很在意對方的某些習慣及想法，但隨著關係變好，他漸漸地對那些習慣及想法感到煩躁而無法忍耐，終於忍不住出口抱怨。

要是有人總是在挑自己習慣或想法的毛病，誰都會不太開心吧？J先生明明知道這一點，卻還是管不住自己，一再提醒對方他很介意對方的某些習慣、指責對方想法的錯誤部分。這麼一來，彼此就漸漸疏遠。J先生說自己總會重複同樣的行為模式，面對這樣的自己，他也覺得無可奈何。

可是，J先生明明應該是要把對方當成親密的對象好好珍惜的，為什麼在與對方親近後又會不斷地口出怨言呢？

我們再來看另一個人的例子吧。

K先生說自己好像不適合談戀愛。因為他說自己每次都在同樣的地方跌倒，永遠走不到終點，就算失敗了好幾次，卻還是一直重複同樣的錯誤。

K先生在與對方交情尚淺的階段，關係都很良好。一旦交情變深，K先生就會不滿對方的某些說話方式；若對方有和自己不一樣的習慣，就會想要對方改變；若是有雙方價觀不同的地方，就想指責對方。而且還會多嘴地說些讓對方心情不好的話。

例如說：

「這種說法不是挺常聽到的嗎？你不會不知道吧！」

「那樣的習慣最好改掉吧！因為會讓人覺得討厭。」

「我對你的那種態度常感到不耐煩。你最好能多考慮一下對方的感受。」

K先生和對方說話的方式總像說教似的。這樣的情況不斷重複出現，因而兩人總是以吵架收場。

在剛開始時，明明不是很介意的事，為什麼隨著交往的深入，就會變得在意起來了呢？

或許在一開始也是挺介意的，但因為交情淺所以能忍耐，但為什麼隨著交情的加深，就會變得無法忍耐了呢？

所以人都有一種傾向：關係愈是變得親密，彼此相處愈容易態度感到煩躁。可是對於J先生和K先生這種人——陷入自我厭惡，不斷重複失敗的人——來說，他們還有另一個問題。

有「被背叛」的感覺，表示期待過深

讓我們再來看一個例子。

L小姐說，她對於既不喜歡也沒什麼感覺的對象明明是完全無所謂的，但對於交往對象卻經常會冒出「不可原諒！」的想法。

面對男友，她變得沒什麼耐性，會動不動就抱怨、要求、總是說些斥責的話。

例如，她明明很期待星期日的約會，但到了當天早上，若男友因為臨時有事而希望能改到下禮拜，她雖然嘴巴上會說著：

「啊，這樣啊。我知道了。那就改下星期吧。」

裝出一副平靜的模樣，但心中卻充滿了抱怨：

「當天才突然臨時取消是怎樣？要是不方便早點說不就好了嗎！」

「你要怎麼補償我那麼期待的心情？」

「難得的好心情，結果今天一整天就這樣浪費掉了嗎！」

她在心中不斷地吐出怨言。

L小姐平常的個性很溫和，和任何人都能處得來，但只有在面對戀人時，不知道為什麼，她卻總是無法溫和以對，她說自己對這點也感到很困擾。

「該怎麼說明呢？雖然我不是很清楚，但若是普通朋友突然臨時取消約會，我還能淡然以對，換成男友臨時取消約會，我就完全無法冷靜，我很清楚自己會有非常情緒化的反應。被背叛了就是這種感覺吧。」

彷彿被背叛了的感覺，反過來表示你有強烈的期待。正因為非常期待，才會有像是被背叛的感覺，而打從心底感到失望。這樣的情況不限於對方臨時取消約定，當對方沒有察覺到自己的心意時，還有沒有做出如自己所期待的反應時，我們就會出現像是這類「被背叛」的感覺：

「為什麼不知道呢！」

「要是夠瞭解我應該會明白吧！」

「為什麼不那樣做呢！」

「為什麼可以毫不在意地踐踏我的心意呢！」

特別是在面對戀人等親近的對象，因為會過度期待「對方應該要完全了解自己」，若是沒有獲得如預期中的反應，就會有像是被背叛的感覺。

正因為把對方想成了像是自己的分身般，才會生不必要的氣。這麼一來，有時就會脫口而出無心的尖銳話語。

那麼，我們將在下一節中針對這種心理機制來說明。

你是否深信「喜歡的人和我有一樣的想法」？

因為是自己重視的人，不論對方做了什麼都會原諒對方。雖然會有這樣的想法，但另一方面，對其他人都能容忍的事，卻無法容忍特別喜歡的人那麼做。原因就是出在「**心理性一體感**」這種想法上。

在我們的心中，對於喜歡的人，會深信對方是完全和自己一樣或相似的。

所以，若彼此有什麼矛盾之處，我們就會冒出這種念頭：「我們兩個人一定是一樣的」，否則就會感覺到自己像是受到了背叛。

前面所介紹的J先生、K先生，兩人的例子就是這樣。

曾有一位女性來到我的諮商中心，敘述了如下的「心理性一體感」。

她把自己和男友的約會放在第一順位。即便是先與朋友約定要一起出遊，若是男友提出邀約，她就會放朋友鴿子，以和男友的約會為優先。

可是反過來，若男友先與朋友約好，她才提出邀約，男友卻可以無所謂似地說出：

「抱歉。那一天我已經和朋友約好了。」

她覺得，男友明明知道自己總是以他的事情為最優先，怎麼可以說出那麼冷淡的話呢？這樣未免太沒神經了，讓她非常生氣。

此外，有的時候，男友會先決定兩人的約會行程，比如在聖誕節那天和另一對情侶檔朋友到迪士尼一起進行雙對約會，她也會因此而感到被背叛的感覺。

因為她希望聖誕節只有兩個人一起過。

「為什麼他就是不懂我的心情呢？如果是戀人，不是應該要體諒一下我的心情嗎？或者該說，這點程度的事他應該要體諒吧。」

這麼一想，她就會心生不滿，心情上也會變得無法好好享受難得的聖誕節。

就像這樣，在我們心裡都有一種毛病，就是深信喜歡的人和自己是一樣的。

因為有這種心理性一體感，所以我們就會自以為是地深信著：

「我所想的事，對方應該也是那麼想的。」

「自己在期盼些什麼，對方應該會有所察覺。」

「自己所討厭的事，對方也應該是討厭的。」

可是實際上，不論是多喜歡的人，彼此仍是不同的個體，對方在想些什麼、希望自己怎麼做等，都是讓人捉摸不透的。這時候，對於強烈感受到心理性一體感的人來說，就會湧上一股「被背叛了」的感情，接著就會生出「無法原諒」對方的心情。

因此，在維持親密關係上就會出現困難。

孤獨是堅強的契機

不論是如何親密的關係，人與人之間，都有著無論如何都跨越不了的鴻溝。

你以為是可以互相理解任何事的朋友，似乎也有無法理解自己心情的時候。

不論怎麼說明，對方就是不了解。這時候，我們就會感到非常的孤獨，甚至鬱鬱寡歡。

和戀人因為一點小事起口角，聽著對方訴說不滿，此時你才深切感受到彼此的價值觀、感受性原來是完全不同的，困惑著不知道該怎麼做才能彼此理解。

這時候人們會突然體悟到，「兩人果然不是心意相通啊」，而受到寂寞的襲擊。

雖然會有像這樣遭受寂寞心情襲來的痛苦經驗，但那卻能帶給人們堅強。是能夠變成堅毅自我的契機。

對人們來說，必須要有所自覺，自我是與眾不同的特別存在，自己的人生只能由自己來背負，不論是多親近的關係，都有許多彼此互不了解之處。

這稱為「個別性的自覺」。或許各位會感到非常寂寞，但仍要先確立自己是個別的「個體」。若能做到這點，就一定能和所有人都建立良好的關係。

「無法原諒」對方不感謝自己！

若是別人那麼做，我可能還不會這麼介意，但若是喜歡的人那麼做，就會在意得不得了；若是別人踩到我的地雷，可能還不會特別生氣，但若是換成了喜歡的人，就會燃起怒火。這種落差是怎麼來的呢？

之所以會產生這種心理落差的主要原因，除了前面說過的心理性一體感外，還有「日本式的自虐傾向」。

你是否有過類似的情況？對於自己在付出之後，對方卻沒有表示出半分感謝而覺得對方「不可原諒」？

例如，自己雖然總是會把戀人擺在第一順位，但戀人卻完全沒有為自己想。為什麼明明自己都會以戀人的情況為優先，但戀人卻都不會考慮到自己的情況？不論什麼時候，自己都會答應戀人的要求，但戀人卻完全不會配合自己的要求。

在這種時候，你是否就會湧起類似「我總是這麼為你付出……」這種以恩人自居的想法？這樣的想法就會和「被背叛了」的心情相互連結。

體察對方的心情、以對方的情況或希望為優先，期待著若對對方好，對方應該也就會對自己好。

期待著，若是把自己的心情或情況放到後頭，為對方著想而行動，對方一定會察覺自己的心意，應該也會對自己好。期待著，只要自己犧牲奉獻，對方也一定會給予回報。這就是日本式自虐傾向的心理。

換句話說，以「犧牲奉獻」的態度，期望自己的付出得到同等的回報。

然而，當對方沒有做出如自己期待般的行動時，就會出現像是被背叛了般的心情。

這樣的結果將會導致，對於背叛自己期待、無法心意相通的人，湧出對方不可原諒的念頭，最後就有可能會產生攻擊性的態度。

藉由自己的奉獻、犧牲自我以及寬恕來誘發對方心中的罪惡感，藉由訴諸情緒來讓對方依自己的期望行動。期望利用這樣的形式來支配對方，就是日本式的自虐傾向。

用一副「忍無可忍」的態度，指責家人、戀人、好友，又或者是職場中的上司。

「我都這麼盡心盡力了」、「我這麼做都是為了你著想」、「我每次都會忍耐，以你的事為最優先」因為有這些背景因素，所以才會忍無可忍。可是像這樣以對方為中心的做法，也與日本式的自虐傾向有著很深的關係。

依據精神分析學家小此木啟吾*先生的說法，日本式的自虐傾向成立在下述的心理因素上。（出自日文著作《阿闍世コンプレックス》（阿闍世王的情結）小此木啟吾著、北山修編、創元社、日本出版）

①想要讓對方覺得彼此很協調，以及自己是站在對方立場思考的體貼。

②節制自己的權利主張，努力做到無私。
③有寬大的包容力，可以將對方的任性、恣意當作是撒嬌。
④默默期待著對方總有一天會對盡心付出的自己自發性地產生罪惡感。
⑤期望周圍的人對自己這種方式生存給予好評、感謝以及尊敬。

也就是說，經常會考慮到要設身處地為對方想、極力讓自己的要求以及心情去配合對方、只要是對方期望的事情，不論是什麼都會盡力接受、認為只要奉獻犧牲自我一定會獲得回報，以上的想法是日本式自虐傾向的基本架構。

若要說為什麼會有回報？那是因為想著「**對方對於自己付出的犧牲奉獻，會覺得很不好意思，為了回禮，就一定會做些什麼來報答自己**」。

但是，若對方沒有做出回報，就是背叛了自己的期待。結果明明是自己擅自將這份期待丟給對方，卻因為覺得被背叛了而出現攻擊性的言行舉止。

＊註：小此木啟吾，一九〇三—二〇〇三年，日本醫學家、精神科醫生、精神分析家。

刺蝟的困境

對待喜歡的人，我們似乎應該要有更強的忍耐應對力，可是很多情況卻是「面對愈喜歡的人反而愈容易生氣」。

精神分析學家西格蒙德・佛洛伊德，清楚說明造成人與人之間心理距離的原因。佛洛伊德根據哲學家阿圖爾・叔本華（Arthur Schopenhauer）所寫的刺蝟寓言為本，導入了「**刺蝟困境**」這一概念。

在某個寒冷的日子裡，一群受凍的刺蝟想彼此取暖而將身體靠在一起。這麼一來，因為減少了身體暴露在冷風中的部分，而變得溫暖。

「這樣會很溫暖喔，再靠近一點吧！」牠們縮短彼此的距離，彼此的刺卻刺到了對方，讓牠們瞬間感受到了劇烈的疼痛，於是大叫著「好痛！」彈了開來。

可是，一旦分開，全身又會受到寒風的侵襲，冷得受不了。因此牠們會再度靠近。溫暖。更靠近。好痛。立刻分開。好冷。重複好幾次同樣的過程，刺蝟們終於能拿捏到「可以不傷害到彼此卻又能溫暖彼此的適當距離」。這就是「刺蝟困境」（這是依照叔本華的寓言以及弗洛依德的講解為基礎，以容易理解的形式重新寫作而成）。

之所以會「愈是親密，衝突愈多」，是因為一旦縮短彼此心理上的距離，就沒有什麼客氣可言，彼此都能輕易表現自己的任性。

面對交情淺的人，我們不會有太多在意；但若換成了親密的對象，只是一點小事都會很介意。有時候甚至會爆怒，覺得對方不能原諒，也是因為一旦與對方距離變近了，就會無法壓抑自我。

「刺蝟困境」的概念，能漂亮解說這種心理距離與人際糾葛機制。

「刺蝟困境」告訴我們的另一件事是，**藉由與親密對象不斷起衝突，我們將能學會不傷害彼此，拿捏到與對方剛剛好的相處距離。**

一旦變親密，衝突就會變多。好不容易關係才變好的，結果卻變成彼此傷害。因此乾脆放棄縮短與人之間的距離。這是因為既不想見到任性又醜陋的自己，也不想受到傷害。雖然也有人會這麼想。

但要知道，藉由累積與親密對象互相傷害的經驗，就能理解掌握住恰當距離的方式。若是因為害怕受到傷害，從一開始就選擇逃避，不論經過多久，都無法擁有親密的對象。

即便會經歷痛苦，經過一段時間，也一定會有快樂與溫暖的事。

沒問題的！人沒有那麼脆弱。你要不要試著鼓起勇氣，接近對方呢？

愛吃醋的自己真討厭

綜合至此之前說明過的「心理性一體感」、「日本式的自虐傾向」以及「刺蝟困境」，再加上「被拋棄的不安」，這些狀況再加上親密關係，會產生各種各樣複雜的問題。

M小姐說，平常和她交情很好的職場同事異常的愛吃醋，對此她感到很困擾。

「平常相處起來感覺很好，中午時兩人也經常會一起去公司附近吃飯，開心聊天，回去時會一起喝茶、一起購物，兩人很親近。但令我感到困擾的是，她異常地愛吃醋。」

到底是怎樣的愛吃醋呢？她舉了幾個實際例子向我說明。

M小姐說：「有一天午休，她因為工作外出還沒有回來，別部門的朋友剛好來找我一起外出用餐。回來後一看，她已經回辦公室了，她問我：『妳一個人去吃飯嗎？』我回答說：『某某來找我一起去吃飯。』結果氣氛就莫名變尷尬起來。那天下午，她就一直不說話，和她搭話時反應也很冷漠。」

「職場上的女孩子們經常會一起去喝酒，就像女子聚會那樣。每次，她都跟我坐隔壁，可是大家中途不是會到處換位子嗎？如果我和其他人笑鬧後回到原本的位置上，她的樣子就會變得很奇怪。好像有那麼一點點冷淡疏遠，像是冰凍般拒絕一切的感覺，所以讓我覺得很困擾。在那種時候我都會覺得『又來了，真受不了』。雖然會感到厭煩，但沒辦法，我還是會拋出有趣的話題跟她聊天，只要沉浸在兩人世界中，她的心情又會變好。她雖然不是壞人，基本上我也很喜歡她，但有時我也會覺得她真是個麻煩的人。」

M小姐說，她實在無法理解那位親密同事的態度。

在這則事例中，那位同事心底強烈擁有的「被拋的不安」，可以說已經嚴重到讓M小姐感到很頭痛的程度。

其實，像M小姐同事那樣的人也曾來過諮商中心，她本人也注意到自己異常的愛吃醋，因此總感到不安，害怕會因為這樣而被人討厭。

可是不管怎麼樣，她都無法壓抑住那份醋勁兒，無法控制自己對人擺臉色。她很討厭這樣的自己，煩惱著希望能做出些什麼改變。

可是，只要沒有發現並克服潛在心底深處的「被拋棄的不安」，就無法擺脫愛吃醋、令人討厭的自己。

為愛吃醋的戀人苦惱

同性的朋友之間，會像前述那樣產生讓對方感到困擾的吃醋狀況。這情況若是換做成戀人，一定會變本加厲，讓對方有更深的困擾而不知所措。

N先生有位交往了好幾年的女友，他雖想著彼此也可以結婚了，但有件事讓他很擔心，所以一直無法下定決心步入婚姻。

說起他擔心的事，就是他女友異常的「愛吃醋」。

N先生明明沒做錯什麼事，女友卻吃起醋來並對他說些攻擊性的話語，此時，N先生就會不安地想著：「跟她結婚沒問題嗎？」

「我總覺得，那真的只能說是異常了。例如說，我去和學生時代的朋友聚會，因要有其他女性出席，她就會跟著一起去。在飲酒會那樣的場合中，大家一旦喧鬧起來，理所當然地，不管是同性還是異性，大家都會情緒高漲地相互交談。可是我若是參與進去，之後可就麻煩大了。」

等到「聚會結束，兩個人一起回家，她會刻意忽視我，一個人回去。我沒辦法只好一個人去搭電車，之後她就會一封接一封地傳訊息來指責我，內容都很有攻擊性，像是『劈腿的傢伙』、『背叛者』，或是『你們聊的真開心啊』、『那個人比較是你的菜吧』之類的，就算我平心靜氣的回覆她，她也止不住怒火，而會傳一些像是『我們玩完了』、『再見』之類的。」

「我無法接受自己明明沒做錯什麼事卻要受到責備，剛開始時，我也會硬碰硬反駁她，可是這麼一來只會讓情況變得更糟，所以我只能讓步。」

「我很明白這一點，所以現在，我都會先努力修復我們之間的關係。在幾天以內，努力用 mail 或電話拚命解開誤會，終於見到面時，若能單獨兩個人共享快樂的時光，她又會回復到原來的樣子，可是我對這種情形已經覺得鬱悶到厭煩的地步了。」

「因為不斷重複發生同樣的情況，最近，我都不太敢出席學生時代的朋友聚會。本來應該是開心的聚會，我卻會想到以後可能發生的麻煩事而不太想出席。和學生時代難得的朋友們，也因為女友愛吃醋的關係而疏遠。當我們兩個人獨處，氣氛就會非常好，可是我實在受不了和朋友間交往還要這麼拘束，老實說，我真的忍耐很久，所以才難以下定決心與她結婚。」

這種情況下，N先生的女友幾近異常的愛吃醋，可以看作是源於她心底深處藏有強烈的「被拋棄的不安」。

若是看到最喜歡的戀人、打從心底可以完全依賴的戀人，和別的女性開心交談，就會像幼兒被母親拋下般，湧上寂寞，非常不安，陷入像是會被某人奪走珍重、深愛的對象的情緒。

「背叛者」或是「劈腿的傢伙」這類責難性的聲音，可以說是直接表現出了N先生女友心中的呼喚。

「愛吃醋」背後的心理也是害怕被拋棄

我非常能了解，身邊有一個異常愛吃醋的戀人，被他們無理取鬧，而感到困惑、厭煩的心情。

跟這種類型的人交往很辛苦，所以需要有一定的包容力與強韌的耐性。

可是，這類型的人一定也在暗自煩惱著，苦於無法處理自己異常愛吃醋的情緒，以致讓戀人困擾。

這次，我們試著以吃醋那方的心理為焦點來說明。

O小姐說，若是男友與其他人有了自己所不知道的約定，或是不清楚男友的行動，她就會感到非常不安。

「在男友的上班時間還好，但若在晚上或是休假日男友沒有和我碰面，我又不知道他要在哪裡做哪些事，我就會覺得非常不安。所以我會發訊息給他，他要是沒回，我就會更加不安，會發瘋似的不斷傳訊息。若是這樣還沒有回，我的心情就會變得坐立難安，無法冷靜，拚命打電話給他。」

「當他終於打電話來，向我說明情況，我才會感到安心。我知道，我給他添了麻煩，有時他也會很明顯生氣說：『我和公司的上司在一起，不論是通訊軟體還是電話都沒辦法回。我是假裝要去廁所才出來打的電話。妳收斂一點吧！』雖然知道這麼做會被他討厭，但因為受到不安的驅使，就會一直重複做出同樣的事。」

「上一次也是，他既沒回訊息，電話也打不通，我不安到完全無法冷靜下來。就算想要轉移注意力而打開電視看，卻幾乎是心不在焉，一點都沒辦法好好觀賞，即便是上網也無法平靜心情。」

「我坐立難安到忍無可忍，於是在半夜出門，到他公寓前等他回家。他回來以後嚇了一大跳，問我：『怎麼了？』我告訴他事情經過，平時脾氣很好的他生氣地說：『妳就這麼不相信我嗎！』露出錯愕的表情。這件事以後，我們之間就變得疏遠了……。」

O小姐像我表明內心的苦楚。像她一樣，被自身所抱持的「被拋棄的不安」折磨的人其實並不少。

明明非常喜歡對方，卻被不安所折磨、因吃醋而狂亂、執拗地追究對方的行動、脫口而出責備般的話語、情非所願地與對方爭吵，傷害了對方的心。當然，自己的心也受到傷害，在情緒上變得非常悲傷。

為什麼自己會攻擊這麼喜歡的人呢？

明明對方是個能夠信賴的人，為什麼會做出懷疑的行為呢？

明明想和對方好好相處，可是為什麼卻會由自己主動挑起爭執呢？人們會這樣煩惱著，陷入自我厭惡。想著：

「這麼一來他就會討厭我了……」

「做了這種事，我肯定會被拋棄吧……」

在情緒上變得很悲慘。接著就會在心裡發誓：

「我一定要注意，不要再做這種事了。因為他有在為我著想，我也相信他。」

可是，一旦出現相似的情況，卻又會做出同樣的反應。

像這樣不講理的行動，原因就出在心底深處有著強烈的「被拋棄的不安」。在現實中，有許多懷疑都是無憑無據的，這樣的情況不只會發生在像戀人那樣不安定的關係中，結婚後也同樣會發生，所以會讓對方與本人都受到折磨。

因為是本人心中湧現的幻想，而非基於對方是否真的有出現可疑舉動的現實根據，所以受到責難、攻擊的一方，完全無法招架。

為愛吃醋的戀人或配偶所苦惱的人不在少數，可是對方是因為受到「被拋棄的不安」所威脅，才會迷失自我。

因為無法控制自己的感情與行動，即便對方要自己別擔多餘的心，也詳盡說明事情經過，卻於事無補。

這得要本人能確實認知到自己內心深處抱有「被拋棄的不安」，並克服才行。

如果你注意到自己有「被拋棄的不安」，可以回顧過往至今的自己，並試著寫下「**導致人際關係惡化的行動模式**」。抱有「被拋棄的不安」的人，在很多情況下都會採用同樣的模式來重複失敗。

自己在與人交往這件事上，有什麼樣的習慣呢？能夠自覺到這一點，才是解決問題的第一步。

束縛使兩人的距離愈來愈遠

若能認為自己有著足以吸引對方的魅力，就能克服「被拋棄的不安」，冷靜行動。

可是所謂的魅力，是非常主觀的東西，即便是別人看起來非常有魅力的人、在社會上獲得成功很有自信的人，一旦喜歡上了某人，就會莫名地感覺到不安：

「他要是碰上了更有魅力的人，說不定就會離開我，去到對方身邊。」

可以說，對自己的魅力有自信就是這麼困難的一件事。

不論表面上是多強勢的人，都會在心中覺得沒有自信，懷抱著不安。

然而，只要交往久了，兩人一起度過的時間日常化，關係穩定，一般來說都能對兩人的關係有自信，不再受到不安的威脅。

可是，心底深處懷有強烈「被拋棄的不安」的人，即便和對方以結婚這種極為穩定的形式結合，也會深受不安威脅，害怕對方有一天會不愛自己而離去。

P小姐在三十幾歲的時候結婚，有一段時間，因為自己醋勁太大而不斷束縛先生，導致與先生的關係變得岌岌可危。雖然後來好不容易跨越這道危機，但從那以來，兩人的關係就變得很冷淡。

P小姐說，雖然她覺得非常寂寞，但她想通了，一切都是自己的錯，現在她學著去信賴先生，所以此後，想逐步修復兩人間的關係。

P小姐說，那時後她的心像是被不安所驅策，做出讓先生討厭的事，總是想要束縛先生，兩人很常吵架。

「先生並沒有說謊遲歸，身上也沒有沾染香水味，更沒有口紅沾到衣服上，他沒有做出什麼讓人起疑的事，可是我還是擔心得不得了。而且我還懷疑他外遇，隨意質問他，讓他感到很困擾。在先生洗澡時，我會去查看他的筆記跟手機，這件事被先生知道後，他非常的生氣……。」

「知道他在職場上有異性的下屬後，我就會詳細詢問對方是什麼樣的人、兩人有什麼關係；知道在業務上他會和女性下屬一起去拜訪客戶，我就會不斷追問他們兩人在移動過程中都說了哪些話。」

「我會拜託他，即便跑業務的時間有些晚了，也不要和女性下屬兩個人一起去吃飯、喝酒，說了很多話束縛他。作為上司，若是工作上拖延到了，下班時間至少一定會請下屬吃頓飯，我想我應該給他帶來不小的困擾。」

「因為做了這些事，我們的關係漸形惡化。結果，狀況就變成了我總是在擔多餘的心，先生也被我煩到情緒不佳。到後來，若是先生晚歸，不論我問他什麼，他都一副不耐煩的模樣回我：『什麼都要問，很煩耶。』而不肯回答我。因而讓我更湧現醋意與不安，變得更煩人地去追問他。我們就這樣陷入了惡性循環中無法自拔。總覺得，這些不安的狀況，好像都是我自己一手導致的。」

我也經常會聽到丈夫因妻子的醋勁而大受困擾的抱怨。

有個人說，他因為覺得和愛吃醋的妻子起爭執很麻煩，就拜託同部門的女同事們，希望她們不論有什麼事都絕對不要打電話到家裡來，如果非打不可，希望可以由男同事打電話。

若吃醋到這程度，先生處處都受限制，我很擔心，不知道他們是否會很難維持好良好的夫妻關係。

對「自己的魅力」有自信，才能轉化為機會

就像前述的P小姐所自覺，為「被拋棄的不安」動搖的人，即便對方什麼錯事都沒做、不論對方是個如何值得信賴的人，都會因為自己心中所有的不安而懷疑對方，做出攻擊性行為。因為這樣，結果就是由自己主動讓關係惡化。

藉由重複好幾次同樣的失敗模式，雖然可以察覺自己的所抱持的問題、盡可能地不去懷疑對方、告訴自己別再吃醋了，但卻怎麼樣都無法控制自己的心，而會做出讓對方覺得厭煩的事。

雖然想著別去追究、束縛對方，卻還是忍不住說出攻擊性的、令人生厭的話語。例如，若對方的職場上有異性同事，而他又和同部門的人一同去喝酒聚餐的時候，這類人就會說出讓人聽起來很刺耳的發言，像是：

「一天到晚喝酒，你們部門就不能辦點有意義的活動嗎？」

也有人會忍不住說出試探對方的話。例如，在知道了丈夫和學生時代的朋友有聚會後，就會說：

「我買了同一天的演唱會票，你可以跟我一起去嗎？」

讓對方進退兩難。這就是在藉由說出讓對方為難的任性話語，測試對方到底將自己放到多優先的地位，好打消心中的不安。

因為不安，才需要被愛的保證。

可是，若總是說些讓人不快的話、說些任性的話，造成對方困擾，反而會使得好不容易順利進行的關係惡化，也很有可能會將沒有根據的不安當成現實。

結果，**想要克服「被拋棄的不安」，必須有自信「我也有自己的魅力」，並且避免主動去做出把自己逼到窘境的行動。如果不能擁有這種自信，那就無法解決任何事情。**

很優秀卻沒自信的人

自信是非常主觀的東西。

某位男性很幽默，說話很有趣，總是處在話題圈子的中心，而且因為是帥哥，周圍人的都認為他一定很受歡迎。

可是他本人卻沒有自信，雖然自己似乎在外表上有那麼點討人喜歡，可是他卻懷抱著不安，擔心自己沒什麼內涵，很快就會被人厭倦。

和這類型男性交往的Q小姐說，男友很容易吃醋，會過於束縛自己，所以讓她感到很困擾。

「我一直以來都很認真與他交往，對其他男性根本沒有什麼興趣，可是當我跟他說想去出席學生時代朋友團體的聚會時，他就會問：『裡頭也有男人吧？』『去什麼樣的店？不只是吃飯和喝酒吧？』『會去續攤嗎？』之類的，因為他過分執拗追問，不禁讓我覺得他真的好煩。」

「我知道他是因為很喜歡我才會吃醋，可是他為什麼要那麼懷疑我呢？這讓我很生氣。因為他說得太過分，我就算沒想過要出軌，但既然都被懷疑到這種地步了，就乾脆坐實這個罪名算了，我在心情上也會變得像這樣賭氣。我希望他能對自己多點自信，勇敢一點，不要有所動搖。」

當然也有這類型的女性。外表看起來可愛又有魅力，說起話來也給人一種個性沉穩的感覺，就大家看來都覺得她應該很受歡迎，可是她本人卻說，不認為自己是有魅力的。

在學生時代，雖曾被看起來輕浮的男生搭訕，但卻沒有能夠跟可靠男性交往的自信。

和這類女性交往的R先生說，他對女友的醋勁實在感到很為難。

「她本來是非常吸引人的美女型，可是交往後我卻被她異常的醋勁給嚇了一大跳。即便我只是和其他女性說笑，她都會生氣、發狂似的攻擊我，變得像是戰爭般。那麼受歡迎的美女，為什麼會愛吃醋到這種程度呢？真是令我感到匪夷所思。我並沒做出什麼看以來像是背叛她的行為，但每次她都會把小事變成極為麻煩的問題，真是讓人煩得受不了，說實話我甚至想乾脆分手算了。」

「就在前不久，我明明跟她說了要和男性友人去喝酒，但她卻懷疑我，偏執地不斷追問我『沒有女人嗎？』『幾點在哪裡碰頭？』『去哪家店？』讓我覺得很厭煩。而且我才正要和朋友進入店裡，就在街道對面看到她的身影，讓我的心緊了一下。那簡直就像是被跟蹤狂盯上一樣。」

「我明明就沒做什麼壞事，她那樣真的讓我很累，我覺得自己已經快到極限了。」

走到這步田地，這兩個人之後的關係已經幾乎可以預見。因為過於沒自信而擴大「被拋棄的不安」，導致自己變得沒安全感，異常愛吃醋，因吃醋而產生的攻擊性則會讓對方感到厭煩、疲憊。完全發揮出「被拋棄的不安」的特質。

只要沒有克服翻騰在心底深處的「被拋棄的不安」，就會因為自己的攻擊行動，而將好不容易變親近的重要對象給遠遠推開。

若感覺像要出現攻擊性行動時，請試著想一下，你現在所有的不安與恐怖都是過去的事了，和如今的情況是不一樣的。

然後即便只有一點點也好，請相信對方吧。這麼一來，一定就能巧妙拿捏好與對方間的距離。

缺乏「基本信任感」的太宰治

在第2章中，關於因為過於費心與人交往而感到疲倦的心理，我們舉了一個例子——太宰治《人間失格》的主角——他不知道該怎麼和人來往，所以就拚命地扮小丑搞笑，希望人們能接受他。

這部作品被看作是深刻反映出太宰治自身的人生。那麼《人間失格》的主角為什麼會覺得與人交往是如此困難的呢？提示就在太宰治的成長過程。

太宰治因為母親的健康問題，出生後就立刻交給了奶媽照顧，還不到一年，奶媽離開，太宰治就由姑姑養育，接著從他兩歲起就換成了保母阿竹來照顧。而這位阿竹也在他八歲的時候離開了。

就像這樣，太宰治在幼兒時期就不斷重複經歷著離別，剛和愛戀依賴的對象產生羈絆卻又被分開，因此他終其一生都陷於「被拋棄的不安」之中。

人們會因為在嬰幼兒時期與養育者之間構築起安定的愛戀、依賴關係，而會感到：

「人們對待自己是善意且溫暖的。」

「自己是受到世界溫暖歡迎的。」

精神分析學家愛利克・艾瑞克森（Erik Homburger Erikson，一九〇二—一九九四年）將此名為「基本信任感」，這被視為是在嬰幼兒時期應要建立的中心議題。

若是養育者基於某種理由，光忙自己的事就忙得焦頭爛額、在精神上不夠成熟、沒有在嬰幼兒期中構築出安定的愛戀、依賴關係，孩童就無法獲得基本信任，而會感到如下感覺：

「或許自己是不被人接受的。」

「世界阻礙了自己。」

這可以稱為「**基本不信任感**」。

在以精神分析為基礎的發展心理學中認為，能不能在嬰幼兒時期獲得基本信任感，將會左右孩童日後人際關係的雛型。

從太宰治長大成人後的女性關係以及殉情事件中，我們可以推測，他在獲得基本信任感上是失敗的，以及他終生都持續為「被拋棄的不安」所威脅。

與人變親密，之後隨之而來的，就是自己一定會被拋棄的不安。

若這分不安急速擴大、膨脹到難以忍受的地步，自己就會主動去破壞親密關係。儘管如此，或者更確切的說，正因為如此，為了填補心中的空隙，太宰治才會不斷去追求一個又一個女性。

太宰治在這個世界上被本質性地疏遠，因為對人們感到不安與恐怖而扮小丑搞笑，如此才能勉勉強強維持與其他人之間的交往。太宰治在扮小丑搞笑的地獄中，發出了絕望、孤獨的呼喊。

即便是像太宰治那樣才華洋溢，外表又很吸引人，也會對自己沒有自信，一輩子都持續受到「被拋棄的不安」威脅。

我們可以說，太宰治的作品之所以到現在仍有許多人在閱讀，正是反應了許多人都在心底深處抱有「被拋棄的不安」，不確定自己是否能被人接受，而不安得不得了。

為什麼會這麼沒自信？就客觀上來看，跟本身的人個特質、外表與魅力無關，而是來自於幼兒期在愛戀、依賴關係上的不安定。

那麼，幼兒期在愛戀、依賴關係上不安定的人，在那之後是否就一定會一直持續受到

「被拋棄的不安」威脅呢？

並不一定如此。**藉由認識自己獨特的魅力，「自我接納」，就極有可能得以克服不安。**

只是，有很多人會誤以為「自我接納是接受自己的所有方面並給予正向評價」。如果這是自我接納，那應該幾乎沒人做得到自我接納了。

雖然自己還是個不成熟的人，還有很多不足之處。可是，即便不成熟，也拚了命在活著。請認可這樣的自己。這才是「自我接納」。

從小想法開始改變，別總想著自己什麼都做不到，而是要鼓勵自己，「我能做到這種小事」、「只要這樣就比別人優秀了」，接受這樣的自己。

若能做到自我接納，就不會隨「被拋棄的不安」而起舞，與人的交往也會變得輕鬆許多。

第 5 章

放手是為了放過自己

——享受孤獨的勇氣

與其變成孤單一人，不如繼續忍耐

在你附近有沒有像這樣的情侶檔或朋友呢？

兩個人經常會對對方感到生氣，向周圍的人抱怨不滿與發牢騷，但兩人卻還是一直在一起，不會因此絕交或分手。

你有朋友這這樣的嗎？或許在你身上也有過這樣的經驗。

「真是的，真讓人火大，我跟那個人感覺也太不合了。」

「他居然說這這種話！真讓人不敢相信，對吧？超討厭的！」

「他完全都沒考慮到我，只想到自己的方便跟需求。我真沒想到他是那麼自我中心的人。」

「他真的是很任性啊！我常常會因為受不了而跟他大吵一架。」

列舉這麼多不滿的情況，還以為兩人應該會立刻分手或絕交，可是事情卻不是這樣，兩人反而持續交往下去。話雖如此，兩人的關係並沒有改善，一旦碰到一塊兒，依舊對此有著一大堆不滿。世上就是有這類人。

明明互相感到生氣，卻又繼續保持關係。可見彼此雖有強烈的不滿，卻沒打算要分開。

單純來想，兩人並沒有感覺不合到決裂的地步，若對方真的過於任性而令人無法忍受，只要彼此斷絕往來就好。對於讓人氣到受不了的對象，完全沒有勉強自己和對方扯上關係的理由。

儘管如此，兩人卻無法分開。在這樣的情況中，同樣是「被拋棄的不安」作祟的緣故。

若懷有強烈的「被拋棄的不安」，自己就會沒有自信能被別人接受，所以即便是面對相看兩厭、整天吵吵鬧鬧的對象，也實在難以放手。**因為心中有著「變成孤單一個人」的**

恐懼。

即便現在雙方的關係很差，幾乎是每天吵架的狀態，一旦想要離開，就會害怕「不知道自己是否會變成孤單一個人呢？」而被不安折磨，以至於無法離開。結果，心中的天秤傾向妥協那一邊：「與其變成孤單一人，還不如繼續忍耐。跟令人生氣的對象在一起，也比變成孤單一個人來得好。」

不依靠著某人就會感到不安。正是這樣的心理在作用著。

愛情不是浮木

為什麼會和那種不怎麼樣的人在一起呢？不論怎麼想都只覺得自己是被利用了。有時我們不禁會這麼想。

雖然知道對方是個狡猾的人，卻無法離開他。對方只是想利用自己，你心裡非常清楚對方完全沒有為你著想，卻還是無法離開他。為什麼會發生這樣的事呢？

S小姐從很早以前就感覺到，和她同居的男友只是在利用自己，對自己並沒有什麼特別的愛情。

男友不勤勉，沒有毅力，所以好幾次工作不滿一個月就辭職。不是一直無故缺勤，就是不喜歡職場上某某人的態度，或是說什麼工作不適合，隨便就辭去工作。

「我非常清楚我對他並沒有愛情。最近他也不去找工作，每天都泡在柏青哥店。早上，我出門上班的時候都會給他零用錢。要是一次給他很多，他一下子就會花光了，所以我每次都只給他一天份的。我出門後，他就會找恰當的時間去柏青哥店，把錢都花光後就離開柏青哥店，在回家路上順道去咖啡廳吃有點晚的中餐，和熟識的店主或客人天南地北的聊天，直到我下班的時間才回家。」

「這樣的模式一直持續著，我發現，這輩子由我來工作養他的形式都不會有所改變。朋友們經常跟我說，跟那種沒有用的男人分手比較好。說兩個人在一起一點意義都沒有。這我也很清楚，可是無論如何我都沒有想要跟他分手的打算。我要是拋棄他，他就無法活下去，而且我們都一起走到了今天，我沒辦法做出這種不負責任的事……。」

聽了S小姐的話之後，我感覺到，儘管她的朋友誠摯地擔心她而給了她建言，她似乎也完全不打算要跟對方分手。可是，S小姐離不開對方的理由不但有跡可循，甚至可歸類為一個理所當然的模式。

為什麼說是理所當然的呢？那是因為，雖然是和無所事事、到處晃盪而一點用都沒有的男人在一起，對S小姐來說就很有意義了。

雖然S小姐表示完全能理解朋友對她說「和那種沒用的男人在一起一點意義都沒有」的道理，但對S小姐來說，其實有著很大的意義。

雖然本人似乎完全沒有意識到，但是，對寄生於自己的男友而言，「自己是不可缺的存在」這一點，正是她找出自我存在價值之處。

「對於男友而言，**自己是有利用價值的存在，自己是不可缺少的**」。

這件事，對S小姐來說正是最大的支柱。

為什麼選擇「窩囊廢」而不選擇「精英」？

如前所述，S小姐周遭朋友都這樣勸告她：

「為什麼要跟那種人交往呢？」

「要是和那種意志薄弱、放縱自己的人在一起，不用想都知道日後會很辛苦的……別再拖下去了，快點分手吧！」

但S小姐那種類型的人，就是有著「想和沒什麼用的對象在一起」的傾向。

反過來說，如果是周遭朋友評價較佳的對象：

「看起來很誠實，感覺很好。」

「是個穩健可靠的人呢。」

對於個性討喜、自立、可靠……等有著突出人格特質的人，反而不受到他們的青睞。

為什麼他們總和眾人眼中「不優質、不ＯＫ」的對象在一起，卻會無意識地避開那些評價好、令人喜歡的對象呢？

其實，在這之中，也與「被拋棄的不安」有著深切的關係。

若是和窩囊廢、沒志氣的人在一起，兩人與其說是對等的交往，更會變成是在扮演著犧牲自己以支持對方的角色。這樣就更能感受到自己存在的價值。

此外，只要有這種人在，就能藉由**對比效果**建立自信。

什麼是對比效果呢？舉例來說，假設你身高平均，若你處在一群高個子當中，你就會看起來比較矮小；但若你處在一群矮個子當中，你就會看起來比較高大。因為比較而得出的效果，就是對比效果。

像Ｓ小姐那種類型的人，之所以會避開有自信、有魅力且閃閃發光的人，就是因為她在某處感到恐懼，恐懼於因為對比效果而覺得自己是渺小的。

反過來說，Ｓ小姐和窩囊廢在一起，她就會因對比效果而覺得自己是高大的。雖然這只是錯覺，但卻能帶來主觀上的自信。

意外地，有很多人都沒有自覺自己有這樣的**深層心理機制**。

他們通常都有著如下述的煩惱：

「明明經常抱怨戀人或配偶遊手好閒、沒路用，但旁邊的人看起來，卻會認為是我主動靠近那種人的。甚至會讓人覺得我根本就陶醉在『無法棄窩囊廢於不顧』的這股使命感吧？」

「總覺得自己總是和窩囊廢有緣，為什麼呢？我明明就想改變，不要總是和這種墮落型的人交往，卻怎麼都改變不了。是同情嗎？『我想支持他、非支持他不可』會像這樣想著。有人說，交往的對象會大大左右人生，我明明就是想讓人生變好，但真的不知道該怎麼改變。」

這類型的人，之所以無法離開窩囊廢，是因為**和窩囊廢在一起能緩和自己的不安**。和窩囊廢在一起，就能感受到自己的存在價值，而且因為對比明顯，自己更擁有自信，再者，愈是無法獨立的窩囊廢，主動離開自己的危險性就愈低。

別人看起來自己像是在供養對方，或者被當作是照顧對方的利用對象，而自己也慨嘆著被窩囊廢耍得團團轉很辛苦，但不知道為什麼就是無法離開。這是因為在這段關係中自己也有著相對的好處。

「驕傲」是認同需求的體現？

之前提過，S小姐類型的人，就像是被無法滿足的認同需求所驅策，會想要緊緊抓住和自己在一起的人不放。

愈是對自己沒自信的人，就懷有愈強的認同需求。

以認同需求為基礎，建立理論的心理學家亞伯拉罕・馬斯洛（Abraham Harold Maslow，一九〇八—一九七〇年）說過，**未受滿足的慾望會驅使人類做出行動**。

例如，有些人因為沒錢購買充足的食物，就會受到「飢渴等生理慾望」的驅使，而做出偷竊別人放在一旁的麵包或飲料等行為。

有些人因為缺乏照顧自己、給予自己關愛的人，就會被「未受滿足的愛情需求」所驅使，去接近其他人，不論是誰都無所謂，拚命找尋愛自己的人。

同樣地，有些人因為不受到他人的認同，就會被「未受滿足的認同需求」所驅使，而想要表現做些什麼以獲得認同的模樣，彰顯自己是有能力或個性好的。

大略說來，總是想展現自己有能力的人，大多都是在學生時代無法發揮自己能力，或是在職場上不被認同。

因為未能受人認同自己是有能力的，而無法滿足認同需求，所以會過度表現，想盡可能彰顯自己是有能力的。過度驕傲型的人可以說是認同需求的典型。

總是和窩囊廢在一起而讓周圍朋友唏噓不已，這樣的人也是受到不被滿足的認同需求所驅使，想要彰顯自己是多麼寬容的人，彰顯自己是多麼辛苦地在努力著。

把那種人當作交往對象的自己，周遭的人一定會給予自己好評。他們在潛意識中抱持有這樣的想法。

對於緊抓住窩囊廢不放一事，也意味著能找出自己的存在價值，以及因著對比效果而能讓自己擁有自信。

此外，窩囊廢會主動離開自己的可能性比較小，就有免受「被拋棄的不安」威脅的好處，而且依據彰顯的方法，也能獲得滿足認同需求的效果。

內心爆怒卻忍氣吞聲的理由

經過解釋，大家應該可以了解「雖然很氣對方卻無法離開」的心理。

對方不斷重複做出讓人討厭的事，好幾次都不遵守約定，明明你已經氣到想要破口大罵的程度，卻還是會裝出冷靜的樣子，說：

「真拿你沒辦法，下次要注意點喔。」

「真是服了你了！別再給我做出這樣的事啦。」

生氣明明是理所當然的，可是卻無法表現出來。

不論怎麼看都是對方的錯，但對方卻一臉無所謂的樣子，毫無悔意。你想開口訓斥、發一頓脾氣，但要是猛力抨擊，對方可能就會離你而去，因為害怕這樣，就不敢口出怨言。

即便如此，無法忍耐的情緒總有一天會爆發出來。爆發的當下你根本無法有效控制情緒，將累積至今的一切一口氣全吐出、大肆抱怨，結果演變成了爭吵。

經過一段時間，平復了情緒上的激動，你心中又會突然高漲不安，只想趕緊修復兩人間的關係。

即便明顯是對方有錯的情況，總之自己就是會主動道歉，想方設法彌補關係。

久而久之，你又開始心生不滿，認為每次都是自己道歉，對方都不會主動謝罪，所以有的時候你脾氣一上來，就想要按兵不動，等待不會立刻忙於彌補關係的對方主動接近自己。

可是過了一陣子，你又會感到強烈地不安，結果還是自己主動彌補關係。如此惡性循環，永遠都不會感到幸福。

因為對自己沒有自信，經常會受到不被滿足的認同需求驅使，就會選擇差勁的對象。所以，首先最重要的就是要對自己有自信。

為此，不論是親密的朋友或家人、同事或上司，任誰都好，去尋找在傾聽自己說話時能有所共鳴的人吧。

如果要在身邊尋找這樣的對象很困難，也可以試著去和心理諮商師說說話。

若能讓他人了解到自己是如此努力著、堅持不懈著，而滿足了認同需求，應該就能跳脫舊有的循環，選擇對自己來說更有益的人際關係。

扮演好人，其實是在壓抑自己

懂得察言觀色、性格溫順客氣、不會厚臉皮提出自我意見、能配合周圍，有上述特質的人，可以說正是現代社會所期望的理想人物形象。

這類型的人，大概就是別人眼中的好人，如果你以為他們在人際交往上輕輕鬆鬆，卻也似乎不能一概而論。誠實、老好人、會考慮到其他人、避免提出利己主張……等，這些特質的確很好，可是勉強去演好人，會累積大量的壓力。

為什麼會勉強自己去演好人呢？那是因為自小就養成了看人臉色的習慣。

T小姐的母親非常情緒化，動不動就會衝動、生氣、哭泣，所以她說自己從小就連對雙親都要小心謹慎，她就是這麼生活過來的。

「現在想起來，我母親在精神上真的很不成熟。一旦有不如己意的事，立刻就會變得情緒化。我經常會聽到她抱怨附近鄰居或親戚，天天對我發牢騷，說父親的不是。她總說覺得自己老是在為大家犧牲卻沒有得到半點好處，我完全想不起來她感到幸福的模樣。」

「母親似乎覺得自己是個總是在為孩子著想的好母親，但其實她忙自己的事都忙不過來了，就算我有煩惱的事，也只能獨自承受，無法期待她會給出什麼有建設性的建議。我曾經希望她能更像個母親而有所反抗，可是她卻哭著說：『媽媽都這麼辛苦、努力地去做了，妳卻還不知感恩。為什麼連我的孩子也這麼不了解我呢？』結果，我也只能放棄了。」

「因為有這樣的母親，我覺得不能做出讓她感到負擔的事，所以我無法把自己在學校或朋友間的煩惱跟母親說。班上朋友的媽媽都會傾聽他們的問題，在我們家卻相反，我反過來是母親商量的對象，同時也是聽她抱怨的對象。」

「因為我總是注意不要帶給母親負擔，而一直在察顏觀色中過日子，不知不覺，對待周遭朋友的時候，我也會習慣壓抑自我，注意不要帶給對方負擔，養成察言觀色的交際模式。我想，我總是過於在意別人會怎麼想自己而無法自由行動，這源頭也存在於我和母親間的關係中吧。」

如此自我分析的Ｔ小姐說，她最近和戀人大吵一架。起因似乎是一件微不足道的事，在爭論中，終於發怒的男友對她說：

「妳也差不多一點，不要再裝出一副好人的樣子了。因為勉強自己扮好人，累積了許多不滿，所以只要稍微一點小事，就會對最親近的我爆發。我都快受不了了。不僅總是要聽妳抱怨，還會因為這種事吵起來。」

被這麼一說後，Ｔ小姐注意到，自己從小連對母親都沒做出的撒嬌任性，全都發洩在男友身上了。她把這件事告訴了男友，並且坦率地向他賠不是，兩人才重修舊好，對彼此的理解也更深一層。

Ｔ小姐的情況是，因為母親在情緒上不夠成熟，所以她在嬰幼兒時期，愛戀依賴的發展並不順利，可以說是強烈懷抱有「被拋棄的不安」。

若冒失說錯話，就會讓母親陷入混亂。萬一被母親討厭怎麼辦？因為有這樣的想法，才會一邊窺探著母親的臉色，一邊過日子。

這樣的對人模式也會投射到他人身上，一邊窺探別人的臉色，一邊扮演好人，因而不斷累積壓力。

因此，在面對最親近又能接受自己撒嬌任性的戀人時，壓力就會爆發出來。因為在心情上放鬆了，才會不自覺表現自己的情緒與任性面。於是，最親近的男友反而變成T小姐的垃圾桶，讓唯一能理解T小姐的人背負所有的負擔。

心中有顧慮的時候，兩人的交往都很順利。隨著交往的深入，就變得爭吵不斷，以致最終迎來破局。重複這種模式的人，心底深處抱持著「被拋棄的不安」，因此被牽著鼻子走。

我們必須要誠實面對自己，坦率地展現自我，而不只是窺探著周圍人的臉色。

首先，就只對極為親近的人這樣做也行。別再扮好人，以能擁有彼此都能坦率展現出自我的關係為目標。這麼一來，不僅對自己輕鬆，而且也一定能幸福地生活下去。

付出不是為了別人，而是為了自己

我曾經聽到有人這樣慨嘆，「我分明總是以對方為第一考量來行動，但不知道為什麼卻總是被利用，而且之後對方還跑掉了，覺得自己簡直就像個笨蛋似的。」

這些人總是以他人為中心而活，為別人竭盡心力，可是自己卻只是被利用，而且利用完就拋棄，雖然自己看起來很像個犧牲者，可是這是真的嗎？對方使出那樣的交往手段，又真的能過得幸福嗎？

其實在這裡，心底深處「被拋棄的不安」也在悄悄活動著。

什麼樣的奉獻方式會讓對方逃跑呢？就是像「給你這些夠嗎？給你那些夠嗎？」一股

腦單方面付出，而不是互相依靠，或是禮尚往來的相互關係。

想著只要為對方盡心盡力，對方就不會離開自己，所以就卯足了勁付出奉獻。結果付出得太過度，反而讓對方感覺像被束縛一般。雖然知道你是在為他付出奉獻，但卻覺得自己好像非要回報不可，壓力很大。

可是，只要兩人稍微拉開一點距離，不知為何，你又會開始想緊抓住一切不放，而更為對方付出奉獻，讓對方感到有如窒息般的壓迫感。

雖然對方也會想著你這是在為他付出奉獻而想要忍耐，但即便如此，他終究會忍無可忍的逃走。這樣的模式不斷重複。

結果，像是這樣的付出者，**其實並不是在為對方著想，而是為了自己。**

是為了完全消除威脅自己的「被拋棄的不安」才為對方付出奉獻。嘴上說著是為了對方而活，但其實只為了自己而活，只看到了自己而已。

像這類型自以為是的付出奉獻方式，在對方看來，只會讓他感到鬱悶與壓力。

而且一旦對方想要保持距離，付出者就會慨嘆：「我明明都這麼盡力付出了」而備受責難，這就更會讓他們對這種緊抓不放的感覺感到恐懼。這麼一來，兩人就無法發展成真正的親密關係。

所以最重要的，終究是要自覺到在心底深處蠢蠢欲動的「被拋棄的不安」，並且克服它。

首先，請捫心自問，你現在的付出真的是為了對方好嗎？

然後再養成習慣去思考「如果我站在對方的立場……」，將心比心，相信你自身也會有所改變。

第 6 章

孤獨與自由

——從「孤獨的房間」可以清楚看見通往幸福人生的道路

你是不是假裝沒看到自己的孤獨

感受到孤獨的人，會看著周遭的人，羨慕地想著：

「像那樣跟誰都能輕鬆交談的人真好啊——」

另一方面，也經常會陷入悲觀的情緒中，認為：

「為什麼我不能更輕鬆地與人說話呢？」

「只有我自己是如此孤獨的嗎？」

可是，跟任何人都能輕鬆交談的人，不代表他就不孤獨。反而可以說，有不少人都受到孤獨的折磨，因為想要揮去孤獨產生的不安，才拚命地想去建立人際關係。

藉由不斷與人說話來排遣心情、忘掉孤獨的自己。要是成了一個人，就會意識到孤獨的自己，使不安隨之高漲。因此，為了盡可能不要落單，就會努力和別人交往。就是這樣的心理機制在運作著。

此外，也有人會在記事本上填滿和其他人的約會，不這樣做就無法平靜下來。若是有空下來的日子，就會趕緊聯絡某人，排入預定事項。總之就是每天行程都要塞滿滿的。像這樣的人也是因為莫名地感受到了孤獨的自己，所以害怕落單，想要藉由與人交往來排遣心情。

結果，所有人都是「孤獨」的。孤獨的人該怎麼做才能稍微生活得快意些呢？要怎麼做才能每天都過著充實的日子呢？問題就在這裡。

存在主義心理學家羅洛・梅（Rollo May）針對社交的空虛，指出如下的看法：

「在宴會上遇見同樣的人，喝著同樣的雞尾酒，談著同樣的話題，偶爾會重複著沒什麼話題可聊的狀態，卻依舊鍥而不捨繼續參加宴會。在這樣的事例中，有著極為重要的意義。重要的不是談話內容，而是要不斷地說著些什麼。沉默是大罪。因為沉默會招致孤獨與恐怖。在自己的言談中，很多話都很隨便，也沒什麼深刻的意涵。也就是說，當不能理解自己所說的話，反而能達致有到的社交功用。」——羅洛・梅著作集《自我的探索》（Man's search for himself）

這麼看來，不論是不是社交型的人，其實都非常害怕孤獨，可以說，若是不和誰在一起，就會不安得不得了。

羅洛・梅雖然是以美國的宴會為例，但在世界各地，即便不是如宴會那樣盛大的場面，喝下午茶或是聚餐上的談話，不也會令人感到有同樣的空虛嗎？

談話的內容也不是特別的有意義，但只要和人說話，就能感到安心。像這樣的情況，應該是每個人都有過的經驗。

「好想回到從前」的孤獨

個別性的自覺，有時尤其能讓人隱約窺見孤獨地獄的深淵。

若因個別性的自覺而追尋孤獨感到最終的源頭，將會追到活在這個世界上的寂寞，以及不得不離開生之原點的寂寞。亦即，會產生**回歸母胎的願望**，也可以說是因著個別性自覺所產生的孤獨感。

所謂回歸母胎的願望，是一種退化的願望，也就是想要回到出生之前，沒有一點辛苦的安樂時代。退化，也就是回歸稚子的意思。

現實生活中，有許多不如意的事，當稍微感到疲累而變得有些軟弱，就會懷念尚未受到現實殘酷的怒濤所吞噬的孩提時代，偶爾想著：

「以前真好。」

「好想回到從前。」

在中原中也*的詩中，就散發出隨「生」而來的寂寞，以及回歸到母胎內的願望。

「在被弄髒的悲傷中
今日也降下了小雪
在被弄髒的悲傷中
今日的風也吹得猛烈
（中略）
在被弄髒的悲傷中
既感到痛心又恐懼
在被弄髒的悲傷中
無所作為日卻已暮……」

——〈在被弄髒的悲傷中……〉出自《山羊之歌》中原中也全集第一卷

「回首來路迢？
十二歲冬日的那個傍晚
響徹港口天空的
汽笛的蒸氣於今何在
（中略）
自那以後經過了多少年歲？
雙眼茫然地追尋著汽笛的蒸氣
悲從中來
那時的我如今何在
（中略）
人生還有長路要走
但不知是否能如迢？來路的日日夜夜

*註：中原中也，一九〇七——一九三七，日本詩人、歌人、翻譯家。

令人懷念不已
總覺得沒有自信

然而只要活著
便口究會盡力
想到自己天性如此
不禁連自己也覺得可憐
（後略）

——〈純真之歌〉出自《昔日之歌》，中原中也全集第一卷

「在一起」的幸福・「孤單一個人」的幸福

自己和其他人都不一樣，每個人都是走在各自的人生道路上，自己的人生只能由自己來背負。

像這樣，我們自覺到個別性，就會感到非常寂寞，有時還會受到回歸母胎內的願望挑動而變得感傷。

即便是這樣，也還是得活在現實中。因為單獨一個人會感到寂寞，所以會去追求能陪自己一起走過孤獨人生的親密關係。

可是，若是一味追求一體感，只會得到幻滅。對方有對方的世界，不論是想法還是感受都跟自己不一樣。

在這裡，重要的是，建立一種保持距離的親密關係。

不同的個體，朋友、戀人、親人……不論彼此是多親密的關係，心裡的想法都不會一模一樣。

從出生到相會，兩人都是走著完全各自不同的人生路、累積完全不同的經驗，所以對彼此來說都有很多互不了解的事。

正因為如此，才必須要有尊重對方個性的胸懷，必須要有想了解對方的胸襟。

對一體感抱有幻想的人，遇到對方不理解自己，或是對方沒有給出自己期待的反應時，就會覺得：

「為什麼你不了解我呢？」

有著像是被背叛般的感覺，鬧彆扭，做出攻擊性的反應。

受到這種態度對待，對方只會覺得困惑。因為對方並無意冒犯，只是真的不知道罷了。

有的人好不容易找到了親密的對象，結果卻有很多的不滿。那是因為**自己只會去要求，卻忘了要給予**。若是採取那種「自我中心」的態度，親密關係很快就會出現裂痕。

試著問問那些覺得對方都不看自己、沒察覺到自己心情、不理解自己的人：

「你有仔細關心對方嗎？有去了解對方嗎？」

他們就會恍然大悟。

因為總是在要求別人，所以完全沒注意到，自己也應該要好好關心對方。

忙於自己的事已費盡心力，總要求對方能注意自己，卻不會好好去注意對方。

以這種利己方式相處，無法獲得真正的親密關係。因此我們必須要擺脫只會索求的自我。

對孤獨感到不安的人沒有魅力

總是要和人在一起，不然就會感到不安。不成群結夥就會感到不安。

像兩種類型的人，他們大多自認為自己溝通能力很好，和大家是相互連結在一起的，但周圍的人卻容易從負面角度來看待他們，認為他們是不安定、不可靠的人。

因為總是成群結伴，根本無法擁有己的世界。可以說，這件事就是讓人無法感受到魅力的原因。

如果你發現，你的朋友指是因為單獨一人會感到不安，才來靠近你，我想你大概會覺得有些鬱悶吧？雖然有人願意依靠自己很令人開心，但因為能清楚感受到對方不安的心情，就算在一起，也不會快樂。

與此相對，能獨處的人，心情上比較有餘裕。而這分心情上的餘裕就會成為一種魅力。

享受興趣、學習喜歡的東西、能夠充實自我時間，這樣的人在和其他人相處時，不會硬要黏在一起，能掌握適度的距離感，能夠自然地與人交往，不會在靠近對方時給人一種壓迫感。這也可以說是一種魅力。

建立親密關係從享受「一個人」開始

若和心情不安定的人相處，有的時候，對方會因為一點小事就受傷、心情低落，結果連你自己也開始煩躁，不知道該怎麼安慰對方。我經常會接受這樣的諮商。

雖然自己是想表現親切的態度，卻似乎得罪了對方，結果讓對方不高興而採取攻擊的態度，這種情況，真的讓人覺得束手無策。嚴重時，還反而會被對方怨恨。

因此，心情不安定的人，有的時候會被視作為棘手對象而讓人對他們敬而遠之。結果，同為心情不安定的人就會聚集在一起。

這麼一來，就更會陷入抱怨、不滿等翻騰著負面思考的世界中。這可不是什麼好事。若是陷入了這種負面的世界中，一定要盡早脫身。

能讓人安心交往的人、態度積極的人……這些人都是能充分擁有自己世界的人。能擁有自己世界的人，就能讓人感受到安定感。

若能擁有某種熱衷的興趣，能享受一個人消遣的時光，你身上會自然散發閒適的安定感。對周遭的人來說，這就是你的魅力。

樂於獨處的能力。不僅對其他人而言是一種魅力，也是能夠與他人建立親密關係的能力。

相反的，無法獨處的人，因為自己的不安定感，會讓旁人有所警戒，而且因為依賴性太強，無法讓人感受到你的魅力，因此很難建立親密關係。

若你想要有親密的對象卻不可得，請先做到一個人也能享受吧！

一個人也能度過充實的時間。若能做到這樣，你身上會自然湧現安定感，進而散發讓人想與你交往看看的魅力。

何必堅持做好人

真的好人，跟勉強自己扮演的假好人，只要和他們略有交往，立刻就能分辨出來。假好人因為總在勉強自己，所以會顯得不太自然，相處起來會有一種拘束感。話雖如此，假好人也並非就是不中用的人。

和那些不考慮別人，我行我素的「自我中心者」相比，假好人會顧慮別人的心思，這點是好得太多了。「希望被看作是好人」的慾望太強烈，所以完全不敢任意妄為。

可是很遺憾的是，假好人在周圍人的眼中，完全無法展現魅力。

那分在意旁人眼光而提心吊膽的畏縮感，會給人一種印象：

「雖然是個好人，但美中不足的是無法吸引人啊。」

那麼，假好人該怎麼做，才能成為真正的好人，而且還是有魅力的人呢？秘訣就在於「提升自我評價」。

假好人因為沒有自信能獲得人們肯定的評價，所以才會害怕表露自我。他們認為，要是不小心表露出真正的自我，就會受到負面的評論。因此會掩飾自我，勉強忍耐，徹底配合對方，所以無法構築起親密關係。

不肯表露自我，會很快就被對方給看透。

假設，即便對方有意建立親密關係，但自己卻不肯表露自我還擺出防衛性的姿態，對方一定會因彼此的心無法靠近而感到焦慮。結果，終究要勉強表露出自我才能構築親密關係。

要說為什麼不肯表露自我？那是因為人們誤以為，一旦深入來往，對方就會討厭像自己這樣的人。

為什麼會有這樣的想法呢？那是因為沒有自信，自我評價過低。而你沒自信的表現，正是讓人覺得你沒有魅力的重大原因。

想要戰勝害怕被別人看透自我的不安，就必須提高自我評價。

將眼光放在「自己的長處」

因為自我評價低而不肯表露自我，這種類型的人，會認為自己不受人喜愛、沒有任何長處、非常無趣，而為這些毫無根據的自貶所苦。那分沒有根據的妄自菲薄，會妨礙與他人之間變親密。

為什他們的妄自菲薄是沒有根據的呢？那是因為沒有人是完全沒有長處的。所有人都有缺點，當然也有優點。

受到害怕自己被看穿的不安所威脅，是因為總看到自己的負面缺點。但只要深入尋找，應該也會有各種正面優點才是。請試著多把眼光放在自己的優點上吧。

例如，可以試著去回想一下從以前到現在受人讚揚的時刻。

不僅限於最近的經驗，請試著去回想一下在孩提時代旁人對自己說過的話。只要重新回顧，就會發現，別人也曾經對自己說過正面的好話。

「真是機靈啊！」

「好體貼喔！」

「真能幹呢！」

「做得好仔細喔！」

「手腳真俐落呢！」

「很能吃苦耐勞呢！」

「很有毅力嘛！」

「總是很開朗呢！」

「笑容真燦爛呢！」

「好冷靜喔！」

「說明得很簡單易懂呢！」

從小到大，一定都曾經聽過這樣的稱讚，就像這樣，回想別人的稱讚，你會發現自己也是有優點的。

並非因為自己沒有優點、是個無趣的人才沒有魅力，而是因為有什麼誤解，周圍的人才感覺不到你的魅力。所以首先要拋棄那份誤解。

不過，會有缺點或是不足之處也是理所當然的。沒有人在所有方面都能獲得正面的評價。

在心理學中，接受自我是很重要的概念，但就如同在148頁中的說明，是要能接受「有缺點與不足之處」的自我。

心理諮商作用，基本上也是以讓抱有煩惱或是沒有自信的人能接納自我為目標。能接納自我、正面積極生活的人才能吸引人。若能轉換念頭，接納自我，那麼至此之前的寂寥世界也將有所轉變，能獲得豐富多彩的人際關係。

自卑感的形成

為了能接納自我，最重要的是，不要對自己的缺點感到自卑。

誠如前面所指出，所有人都是有缺點的。而不會對缺點感到自卑的訣竅，就是將與缺**點相關的事實與情感做區別**。

基本上，所有人都有構成低度自我評價的要素，但能接受「將與缺點相關的事實與情感做區別」這一點的人，雖會對自我做出低評價，卻不會懷抱負面消極的情感。

然而，對自己缺點感到自卑的人，卻會將低度評價與消極負面的情感互相連結。而那就是問題所在。

以下將舉具體例子來說明。

小米是運動白癡，所以跑步很慢。在這之中，「自己跑很慢」是事實，所以對於自己的奔跑能力，小米就會有較低的自我評價。

若是小米針對這個較低的自我評價附加上了「好丟臉」、「真讓人看不下去」、「好慘」這類消極負面的情感，就會形成自卑感。於是小米就會盡可能想避開運動會或是體育相關的話題。這就是將低評價與負面情感相連結的結果。

小龜跑步也很慢，但是小龜不會將消極負面的情感附加於自己的低評價上，所以他並不介意自己跑得慢，即便是面對運動會還是運動相關話題，小龜也能積極參與。有時，他甚至還能將自己跑得有多慢這件事當作玩笑話來說笑。

就像這樣，一旦沒了消極負面的情感，就能坦率接受跑得慢這件事實。

同樣的，因為自己口拙而感到自卑的人，會強烈地認為「反正就算和我說話也一點都不有趣吧」，而會極力避免與人說話。因為認為自己口拙，就覺得那一定非常丟臉。

另一方面，能夠接受自己口拙的人，不會因為自己不擅長說話就拒絕與人交流，而是轉變態度改擔任聆聽的角色，所以對與人說話的場合不會感到害怕，而能夠正常地與人接觸。

就像這樣，所謂的自卑感，指的就是為較低評價附加上了負面情感的狀態。為了不勉強自己去與人交往，不要為自己的缺點感到自卑是很重要的。別為低度的評價附加上負面的情感。淡然地接受事實，不起情緒反應。讓我們一起來留意這一點吧。

找到自己獨有的魅力！

不擅長與人交往、因為過度在意與人的交往而感到疲累，不管如何，只要最後能安然處理人際關係就沒問題。但其中也有人會隨著交往的深入而經常鬧彆扭，最後和人鬧翻。這類型人，似乎有很多案例都是受到「被拋棄的不安」影響。不想被討厭，太過於勉強自己配合對方，最後終於爆發。

無法相信對方的好意與感情，不禁不斷重複做出測試他人的行為，結果導致對方覺得厭煩。像這類事情，起因都是因為無法接納自我。

若能接納自我，就不會受到「被拋棄的不安」影響，與人交往也會變得輕鬆許多。

回顧你至今為止的人際關係，試著寫下你如何搞砸人際關係的模式吧。

明明與對方交情很好，但不知從何時起變得疏遠。剛開始時，兩人明明進展順利，之後卻不斷爭吵，終於讓兩人的關係出現裂痕。

「顧慮並配合對方時兩人的關係明明很好，一旦感受到壓力並說出真心話，就會使雙方陷入緊張的氣氛中。」若列舉出這樣的事例來看，就會清楚，自己一直在重複類似的行為模式。其中就顯現出自己與人交往的「習性」。

若無法接納自我，就會比一般人更加在意旁人，有時還會做出不當的攻擊。

例如，有人會為了排遣因為無法接納自我而產生出的不滿或煩躁，而隨意去貶斥旁人。

在那之中，有一種心理機制在運作著——藉由貶低別人的價值，相對來提升自我的價值。因為人們總覺得自己是更好的。

若是經常對周遭人懷抱攻擊性，說些瞧不起人的話，擺出一副不可一世的模樣，周圍的人就會敬而遠之。

有的人無法相信別人，總是測試性地說些任性的話。

有的人異常愛吃醋，以讓對方幾乎要感到窒息的程度在束縛對方，導致對方被耍得團團轉而感到疲憊，最後終於變得想逃。

之所以會出現這樣的舉動，也是因為無法接納自我。「像這樣的自己才不可能受人喜歡」、「對方肯定會逃跑的」……因為有這些不安的心情，不禁就會做出試探對方、束縛對方的行為。若是像這樣無法接納自我，好不容易才與對方建立起來的親密關係，或許就會被自己主動破壞。

能接受自己的人，也能接納別人。有人會到處說人壞話，因為一點小事就到處挑人毛病，這些都是無法自我接納的證據。

若能自我接納，就能以寬大為懷的態度待人處世。

根據我多年來在諮商中心的觀察，隨著面談次數的增加而變得能自我接納的人，對人的不滿與攻擊也會減少許多。因為自我接納與接納他人是齊頭並進的。

首先要自我接納！因為對你而言，一定有著專屬於你的獨特魅力。

下定決心展現自然的自己

有一種人，你以為自己和他能深入交談了，但在下次見面時，對方不知道為什麼卻變得有些冷淡。在此之前，明明能那麼融洽的交談，但現在卻是表情僵硬、遣詞用字也過於謹慎，莫名地有距離感。雖然在心裡懷疑不知道是不是自己說了什麼讓對方生氣的話，但回想之前相處的情況，卻想不起有什麼失禮之處。

在此案例中，自己捫心自問並沒有特別說什麼失禮的話，對方突然變冷淡的原因，可以說正是因為彼此交談融洽，才激起了對方「被拋棄的不安」。

對方誤以為自己不小心得意忘形地過度表露自我，因而加深不安。因為率直地說出心中所想以及自己的私事，結果就非常介意不知道別人會不會覺得自己很奇怪。

「他是不是覺得我很古怪？我內心的不安是否被人看穿了？別人是否瞧不起我，在心中嘲笑我？」

他們會很在意這些事。

這些人就像這樣，一旦人際關係漸漸深入就會感到不安，在下次見面時就會採取冷淡的態度，而失去了與人更加親近的機會。即便好不容易才變成親密關係，也會主動去疏遠對方。

要想能接納自我，克服「被拋棄的不安」，首先就必須要下定決心，試著展露出自我。

誠如35頁所述，打開心房在心理學中稱為「自我表露」，而自我表露能引出對方的善意，這一點在許多的心理實驗中都獲得了證實。

偶爾或許會因為打開心房而受傷；或許會被人輕視「竟然都是在想這種事嗎」；或許知道自己正被人嘲笑且到處宣揚著，以致感覺無法承受那樣的重話而退縮。

可是，別在意。只要你敞開心房，就會明白，輕視、嘲笑、疏遠自己的人並不是值得親近交往的人。甚至可以說，這種事愈早知道愈好。只要以此為底線，以帶點距離的姿態來與別人交往就好。

實際上，只要試著下定決心自我表露，意外的是，你會很快就被人接納並建立起自信心。那是因為，所有人在心底都懷有「被拋棄的不安」，擔心別人不知道會怎麼想自己，若是對方對自己敞開心胸就會感到開心，並對對方懷有好感。這樣的情況是很常見的。

即便是這樣的自己，也能被人所接受。若能這樣想，也就能接納自我了。

如果你希望能有個意氣相投的對象，可以讓你無所顧慮地展現自我，請勇敢試著展現自我吧。藉由觀察對方對此所做出的反應，就能知道對方究竟是不是能深入交往的對象。

不必想要受到所有人喜愛

被人討厭、被人敬而遠之、被人用惡劣的態度對待，這絕不會讓人有好心情。可是，不論我們抱持著多大的敬意來與他人接觸、即便心懷好意去對待他人，也有人會回給我們負面消極的反應。

這也是沒辦法的。就像「緣分」這個詞所說，每個人都有不擅長應付的對象。有著「合得來」、「合不來」的情況。

被對方誤解，認為對方沒有確實了解自己的心意，因而努力嘗試著用各種方式來讓對方了解自己。這一點雖然很重要，但即便如此，有時對方依舊無法了解自己。

若兩人的價值觀不同、在性格上也南轅北轍，要彼此瞭解會變得非常困難。這個時候，請別責怪自己或對方，就放棄吧。

愈是不去奢望能獲得所有人喜愛的人，愈能擁有可以無所不談的親密對象。**這世上，有能合得來的人，也有合不來的人。也有人是無法理解自己的。這都是無可奈何的。**

像這樣轉變心念，就不會過於在意別人的反應而變得畏畏縮縮，能勇敢表現自我。若是別人表現出了消極負面的反應，只要保持適當距離，不要深交就好。

實際上，很少人會嘲笑敞開心胸的人或是冷淡推開他們。只要能勇敢表現自我，在絕大多數的情況下，都能縮短與別人間的距離，朝親密關係更前進一步。

相反地，想著一定要讓所有人都喜歡，為了不受人討厭就會壓抑自己，因為與人交往過於小心翼翼，反而會讓彼此產生距離，往往無法和任何人深入來往。

因為想要受到所有人的喜愛，卻反而陷入了和誰都無法變親密的荒謬陷阱中。

別去想著要受到所有人的喜愛。要能理解，這世上，有合得來的人，也有合不來的人，這是很理所當然的。希望各位能記得，這正是能獲得親密對象的訣竅。

國家圖書館出版品預行編目（CIP）資料

享受孤獨的勇氣 ：「孤獨是最棒的朋友！」從這麼想的那刻開始，你的人生將出現巨大轉變！／榎本博明著；楊鈺儀譯. -- 初版. -- 新北市：智富，2016.05
面； 公分. --（風向；92）

ISBN 978-986-6151-93-4（平裝）

1.孤獨感 2.社會心理學

176.52 105006199

風向 92

享受孤獨的勇氣

「孤獨是最棒的朋友！」從這麼想的那刻開始，你的人生將出現巨大轉變！

作　　者／榎本博明
譯　　者／楊鈺儀
主　　編／陳文君
責任編輯／李芸
封面設計／劉凱亭
出 版 者／智富出版有限公司
地　　址／（231）新北市新店區民生路 19 號 5 樓
電　　話／（02）2218-3277
傳　　真／（02）2218-3239（訂書專線）・（02）2218-7539
劃撥帳號／ 19816716
戶　　名／智富出版有限公司
單次郵購總金額未滿 500 元（含），請加 50 元掛號費
世茂網站／ www.coolbooks.com.tw
排版製版／辰皓國際出版製作有限公司
印　　刷／祥新印刷股份有限公司
初版一刷／ 2016 年 5 月
二刷／ 2016 年 6 月

ＩＳＢＮ／ 978-986-6151-93-4
定　　價／ 280 元